JN109917

1 ●水差しのある少女像 (パウル・クレー，1910)

2 ●無題（サボテン）（パウル・クレー，1912）

はじめてふれる
心 理 学
［第 3 版］

榎本博明＝著

サイエンス社

はじめに

　この本は，『はじめてふれる心理学』というタイトルの通り，心理学をはじめて学ぶ人が読者になることを想定しています。そのため，できるだけ身近な話題を盛り込みながら，心理現象のメカニズムについてやさしく解き明かすことを心がけました。

　心理学は，今やもっとも関心をもたれている学問の一つになっています。心理学に関心をもつ人の多くは，心理学を学ぶことで自分や他人の心の動きや行動傾向を理解できるようになるといった期待を抱いているようです。ところが，いざ心理学を学び始めると，細分化された心理学の各領域の研究成果が細かなデータとともにバラバラに示されるばかりで，自分や他人の心や行動の理解に直接結びつかない知識の羅列となりがちです。そのうち，心理学は思っていたよりも難しいし，人間理解には役に立たないということで，興味や期待が一気にしぼんでしまい，せっかくの心理学の知見を吸収せずに通り過ぎてしまいます。

　そこで，この本では，心理学の各領域の研究成果を示す際にも，細かな研究データを示すのではなく，大筋を理解してもらえるような記述を心がけました。読者のみなさんにも，まずは心理学の各領域でどんな研究が行われているのか，そうした研究にはどんな意味があるのか，どんなことがわかっているのかを大まかにでも理解してほしいと思います。そして，自分や他人の心や行動を理解するためのヒントをつかんでいただけたらと思います。

　各章の記述に関しても，できるかぎり読者のみなさんの日々の生活から遊離しない材料を取り上げました。そして，ストーリー性をもたせて意味づけをすることがものごとの理解を促進するという観点から，個々の知見が何を教えてくれるのかということがわかるように心がけました。たとえば，モノを見る知覚のメカニズムにしても，知覚する人の心理がモノの見え方にどのように影響

するかに焦点を当てたり，ものごとを覚えたり思い出したりする記憶のメカニズムにしても，記憶するときの心の状態や現在の心の状態が覚え方や思い出し方にどのように影響するかに焦点を当てるなど，読者のみなさんが自分自身の日常を振り返りながら学べるような配慮をしたつもりです。

　また，全体を10章に分けて，モノを見るメカニズムを探る知覚心理学，ものごとを学び身につけていくメカニズムを解明しようという学習心理学，ものごとを覚えたり思い出したりするメカニズムに迫る記憶心理学，子どもから青年そして成人を経て老年にいたる変化を追究する発達心理学，学習者にとって一番身近なアイデンティティの問題を中核とする青年心理学，他人と自分の考え方や行動の違いをもたらす性格の成り立ちを明らかにしようとする性格心理学，自分の生き方を探求する自己心理学，家族の関わりを主としてコミュニケーションを中心にとらえようとする家族心理学，心の病理と健康を扱う臨床心理学，社会生活における人間関係のメカニズムを説明しようとする社会心理学といった心理学の主要な領域について解説しています。

　はじめて心理学にふれる人にもわかりやすいように，できるかぎり平易な説明を心がけたつもりですが，どの領域を学ぶにも自分自身の日々の生活を振り返りながら読んでいただけたら，よりいっそう理解しやすくなると思います。あなた自身の心と行動の理解を目指して，また周囲の人たちの心と行動の理解を目指して，ページをめくっていってください。

　なお，本書の初版は2003年に刊行されましたが，その後の研究成果を盛り込むことで，第3版を刊行することにしました。この本をまとめるにあたってお世話になったサイエンス社編集部の清水匡太氏に心から感謝の意を表します。そして，多くの人々に心理学を身近に感じてもらうために，この本が少しでも役に立つことを願っています。

　　2021年9月

　　　　　　　　　　　　　　　　　　　　　　　　　榎 本 博 明

目　　次

本文イラスト：花園あやめ

1

知　　覚

　外的世界である環境を知る機能を知覚といいます。知覚のもとになるのは感覚です。感覚の主なものには視覚，聴覚，嗅覚，味覚，触覚の５つがあり，これらを五感といいます。それぞれを感受する身体器官は目，耳，鼻，舌，皮膚などですが，こうした感覚器官を五官といいます。私たちは，これらの感覚器官を通して環境についての感覚情報を取り入れます。感覚器官がとらえたものを環境に関する１次的データとすると，そのデータに意味づけをする，そのデータの自分にとってもつ意味を解釈するのが知覚だといってよいでしょう。

　環境についての情報を私たちにもたらしてくれる感覚の中では，一般には視覚のもつ比重が圧倒的に大きいと考えられるので，以下では視覚，つまり見る機能を通した知覚というものについて見ていくことにしたいと思います。

1.1　知覚するということ

1.1.1　"見る"という能動的作用

　私たちが目を通して外界を知覚するというとき，外界の写しが網膜に映っており，それをもとに外界を知ることになります。しかし，私たちは網膜に映っている感覚刺激をそのままに見ているのではありません。自分にとって意味が感じられる刺激に着目し，それ以外の刺激は無視するといった取捨選択を行っているのです。それが見えるということなのです。そうした取捨選択は瞬時になされ，けっして意識されることはありません。もし，あらゆる感覚刺激すべてに注意を払おうとしたら，混乱するばかりで何が見えているのかわからなくなってしまうでしょう。

　電車で吊革につかまっているとき，ふと自分の身なりが気になって，窓ガラスに映った自分の姿を見てみるということはよくあるでしょう（図 1-1）。そのとき，窓ガラスの向こう側に広がる車窓風景は見えていません。しかし，窓ガラスをカメラで写せば，その両方の様子が重なって映っているでしょうし，目の網膜にも窓ガラスに映った自分の姿と重なって窓外の景色も映っているはずです。でも，私たちが窓ガラスに映る自分の姿を見ているときには窓外の景色は見えないし，窓外の景色を見ているときには自分自身の姿は見えません。つまり，私たちは目の網膜に映った感覚情報を受け身に受け取るというのでなく，自分にとって意味のある感覚情報を選択するという能動的な見方をしているのです。

1.1.2　物理的環境と心理的環境

　駅から住宅街まで同じ道を歩いたとしても，自分の住む家を物色中の人は家の様式や大きさを見ていたり，ファッション関係の会社に勤める人は道行く人々の服装を見ていたり，小説家は道端で雑談している主婦やその周りで戯れる子どもたちの姿を見ていたり，画家は家並みと街路樹の緑や空との調和を見ていたりします。客観的には同じ世界にいたとしても，人によって見ている世界は異なっているのです（図 1-2）。

図 1-1　窓ガラスに映る自分を見つめるとき，窓外の景色は目に入らない

　見ることに限らず，体験している世界は人によりさまざまに違っています。私たちは，それぞれ独自の心理的環境に生きています。たとえ同じ物理的環境のもとにあっても，体験されている世界，つまり心理的環境は人それぞれに異なっているのです。客観的な物理的環境の中から個人にとって意味のあるものが知覚され，知覚されたものが体験されている世界である心理的環境を構成します。心理的環境の中であらゆる判断がなされ，態度や行動がとられます。つまり，私たちがどんな態度や行動をとるかは，何を心理的環境に取り入れるか，すなわちどんな知覚の仕方をするかにかかっているのです。

　では，どのような刺激が心理的環境に取り入れられやすいのでしょうか。それには，客観的刺激の性質と見る側の主観が関係しています。客観的刺激の側にも意味づけされやすく知覚されやすいものとそうでないものがあり，見る側の主観にもどんなものに意味を感じやすいかといった傾向があります。それらが絡み合って，何か意味のあるものが見えてきます。客観的刺激の側の要因としては，ゲシュタルト心理学の群化の法則があります。見る側の主観の要因としては，過去経験，欲求，感情状態などがあります。それらが知覚の仕方，つまり図と地の分離の仕方に影響を及ぼすのです。

1.2　　図 と 地

1.2.1　知覚＝図と地の分離

　何かが見えるというとき，そこには何らかのまとまった形が背景から浮き上がっているはずです。まとまった有意味な形として浮き上がり知覚された刺激を図，まとまった形としては知覚されず背景に退いた刺激を地といいます。知覚するというのは何か意味のあるものが見えてくることであり，それはすなわち複雑多様な刺激が図と地にすっきりと分離することなのです。

　では，どのような刺激が図になりやすいのでしょうか。図1-3 は，ちょっと見ると，意味不明の黒い刺激が横一列に並んでいるとしか見えないはずです。しかし，何か意味あるものが見えてくるはずとして，さまざまな見方を試しているうちに，「ココロトココロ」とカタカナで書かれた文字列が見えてきます。

図 1-2　同じ世界にいても見る世界は人さまざま

図 1-3　一見すると意味不明の黒い刺激（筆者作成）

なぜこれほど見えにくいかというと，黒い領域は周囲との明度差が大きく，また閉じているため，ひとまとまりの図を形成しやすいのに対して，白い領域は周囲の領域と溶け合っているため，ひとまとまりの図とみなされにくいといった事情が関係しています。

　このように，面積が小さい領域のほうが，また周囲との明るさの差が大きいほうが図になりやすいといえます。その他，囲まれて閉じている領域ほど，左右対称とか一定の幅をもつなど単純明快な形が読みとれる領域ほど，きめの細かい領域ほど，上部の領域より下部の領域のほうが，青や緑の寒色より赤や黄の暖色のほうが，図になりやすいことがわかっています。

1.2.2　群化の法則

　どのような刺激がひとまとまりのものとして見られやすいかに関して，ゲシュタルト心理学のウェルトハイマーにより，次のような群化の諸要因があげられています（図 1-4）。

1. **近接の要因**：接近しているもの同士がひとまとまりに見られやすい。

2. **類同の要因**：同じ属性（形が同じ，色が同じ，大きさが同じ，など）のもの同士がひとまとまりに見られやすい。

3. **閉合の要因**：閉じた領域，あるいは閉じかけた領域がひとまとまりに見られやすい。

4. **よい連続の要因**：不自然な連続よりも，直線や曲線などなめらかに連続するものがひとまとまりに見られやすい。

5. **よい形の要因**：見慣れたよい形のもの，対称性や規則性のある単純な形を形成するものがひとまとまりに見られやすい。

6. **共通運命の要因**：運命，行動を共にする（共通の変化を示す，同じ動きをする，など）もの同士がひとまとまりに見られやすい。

　こうした諸要因が働いて，多くの複雑な刺激群の中からひとまとまりのものが抽出され，それらが何らかの意味のある簡潔な形となって図を構成し，ほかの刺激は地として背景に退きます。可能な限り簡潔で秩序あるまとまりを見ようとする私たちの知覚の性質を，**プレグナンツ（簡潔化）の原理**といいます。

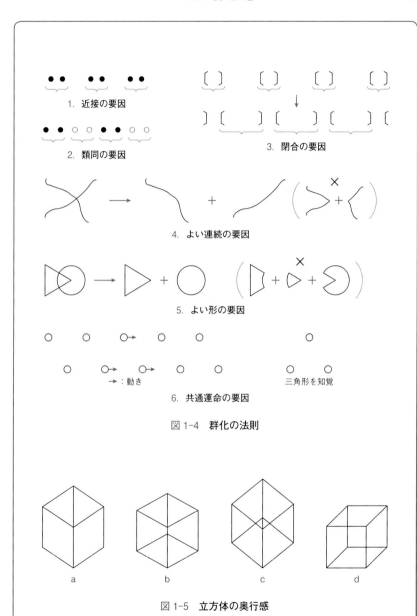

1. 近接の要因

2. 類同の要因

3. 閉合の要因

4. よい連続の要因

5. よい形の要因

→：動き

三角形を知覚

6. 共通運命の要因

図 1-4　群化の法則

a　　　　　b　　　　　c　　　　　d

図 1-5　立方体の奥行感

　図1-5は，立方体を4つの角度から描いたものです。空間性がまったく知覚されず平面に見られやすいa，平面に見られやすいが見ようと思えば立方体にも見えるb，平面よりも立方体に見られやすいc，どう見ても立方体にしか見えないdというように，a，b，c，dの順にしだいに奥行きが鮮明に知覚されるようになっていきます。その理由ですが，aのように平面図形として規則性があり単純明快なよい形をしているものはそのまま平面視されやすく，dのように平面図としては規則性が乏しくあまりよい形をしていないものは立体視することによってよりよい形を見ようとするのではないかと考えられます。

1.2.3　図と地の分離と融合

　私たちが日常目にしているものは，こうした群化の法則にしたがって，視野の中にある無数の刺激のうちの一部を有意味なまとまりをもつ図として浮き上がらせているのです。たとえば，星座も，近接，類同，閉合，よい連続，よい形の諸要因が複合的に働き，意味のある形が浮上したものといえます（図1-6）。

　いったん書いた文字を消すときなど，図1-7aのように消しても，もともと書いてあった文字は注意すれば容易に読めてしまいます。ところが，図1-7bのように，閉合，よい連続，よい形といった諸要因を意識した消し方をすれば，もともと書いてあった文字は跡形もなく消えてしまいます。

　こうした群化の諸要因をうまく利用したごまかしの術は，戦争中の国々で家を草木で覆ったり，軍服に草木に溶け込むような色の組合せや模様を配するなど，実践的に用いられています。

　枯れ葉に似た羽をもつコノハチョウや小枝と見分けがつきにくいシャクトリムシなど，動物に見られる擬態も，群化の諸要因をうまく利用したものとみなすことができます。緑色のカマキリは緑の葉の上で，褐色のカマキリは枯れ葉や枝のあたりで獲物となる小さな昆虫を待つといいますが，どんな場に身を置くことで群化の要因が働いて有効に身を隠すことができるかを本能的に知っているのでしょうか。

　図1-8は，見ているといつのまにか図と地が入れ替わり，2通りの見え方が

図 1-6　　**自然界に見られる「群化の法則」**

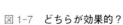
a　　　　　b

図 1-7　　**どちらが効果的？**

成り立つ**図地反転図形**として有名な図版です。図の中ほどの白い領域が図として浮き上がると，杯のようなものが見えてきます。そのとき図の周辺部の黒い領域は，単なる背景として背後に退いています。反対に，図の周辺の黒い領域が図として浮き上がると，向き合った 2 人の横顔が見えてきます。そのとき図の中央部の白い領域は，2 人の向こう側に広がる単なる背景として退いています。

　口絵 1 は「水差しのある少女像」，**口絵 2** は「無題（サボテン）」と題するクレーの作品ですが，いずれも別々のものを同じ色調で描くという図と地の常識的な分離を覆すような手法で描かれています。そのため，**口絵 1** では少女，水差し，水差しの載ったテーブル，そして全体の背景がほぼ対等な関係にあって，どれかが強烈に図として浮き上がることがなく，平面的に見えてしまいます。**口絵 2** でもサボテンとその背景との間で図と地の分離が生じにくくなっており，サボテンとその鉢を図として見るのに困難を生じることになります。

1.3　　錯　　視

　目の錯覚を**錯視**といいます。与えられた物理的特性と知覚された対象の特性との間に矛盾がある場合に，そこに錯視が生じているとみなされます。後で見る月の錯視のように，自然の場面でも錯視は生じますが，錯視を人工的に生じさせる錯視図形というのもいろいろと考案されています。錯視図形は，反転錯視図形，幾何学的錯視図形，その他の錯視図形に大別することができます。

1.3.1　反転錯視
　図 1-9 a 〜 c は奥行きが反転する錯視図です。2 通りの見方ができるかどうか試してみてください。たとえば，c のシュレーダーの階段は，図版の左側から見ていくときと，右側から見ていくときとで，階段の奥行き，つまり裏表が逆転します。

1.3.2　幾何学的錯視
　幾何学的錯視には，同じ長さなのに違った長さに見える錯視，同じ大きさな

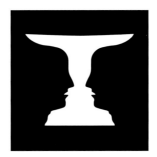

図 1-8　**杯と横顔**（Rubin, 1921）

  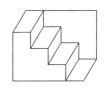

a. マッハの本　　　b. ネッカーの立方体　　　c. シュレーダーの階段

図 1-9　**反 転 錯 視**

のに違った大きさに見える錯視，曲線の曲がり方が同じなのに違って見える錯視，直線なのに曲がって見える錯視，一本の直線なのにずれて見える錯視などがあります。

　図1-10 a のミュラー・リヤーの錯視は，物理的には同じ長さの線分が違った長さに知覚される錯視図です。ここには奥行き知覚のメカニズムが働いているとみなされています。d のエビングハウスの錯視は，同じ大きさの円が違った大きさに知覚される錯視図，l のヘーフラーの錯視は，同じ曲率の弧が違った曲率に知覚される錯視図ですが，これらは周囲を囲む円の大きさや曲率との間に対比効果が働くために生じるとみなされています。j のツェルナーの錯視は平行線が曲がって知覚される錯視図，e のヘリングの錯視と f のヴントの錯視は直線が曲線に知覚される錯視図，k のポッゲンドルフの錯視は一本の直線がずれて見える錯視図ですが，いずれも交差する直線によってつくられる鋭角が過大視され，鈍角が過小視され，直角に近い交わりの方向に見えの角度がずれるために生じるものとみなされています。

1.3.3　その他の錯視

1. ヘルマンの錯視

　図1-11 を見てください。白い格子状の道の各交差点に灰色の円が薄く見えるはずです。でも，目を凝らして交差点の周囲を点検してみると，そのような灰色の円などはないことがわかります。これは明るさの錯視の一種です。格子状の道のうち交差点以外の一本道の部分は，周囲を黒い領域で囲まれているため，その黒色との対比効果によって実際以上に白く知覚されます。それに対して，格子状の道のうち交差点の部分は，黒い領域だけでなく白い道にも上下左右を囲まれているため，一本道部分よりは黒色との対比効果が働かず，一本道部分より白くないように知覚されます。その結果，交差点部分に，一本道部分より白くない部分が浮上し，それが灰色の円として知覚されるというわけです。

2. 月の錯視

　地平線方向にある月が上方に昇った月よりも大きく見えるというのは，だれもが経験しているところではないでしょうか。しかし，写真にとって比べてみ

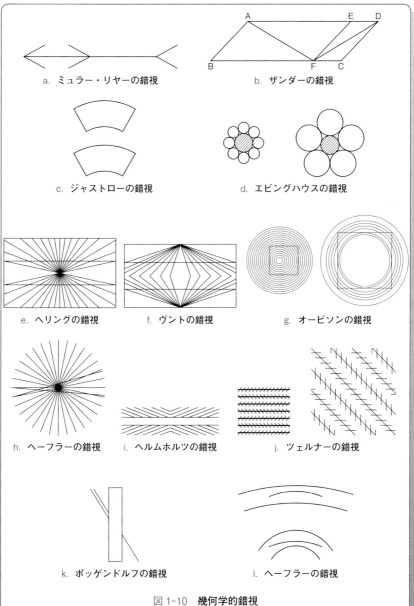

a.　ミュラー・リヤーの錯視　　　　　　b.　ザンダーの錯視

c.　ジャストローの錯視　　　　　　d.　エビングハウスの錯視

e.　ヘリングの錯視　　　f.　ヴントの錯視　　　　g.　オービソンの錯視

h.　ヘーフラーの錯視　　i.　ヘルムホルツの錯視　　　j.　ツェルナーの錯視

k.　ポッゲンドルフの錯視　　　　　l.　ヘーフラーの錯視

図 1-10　**幾何学的錯視**

a, b；長さが違って見える。c, d；大きさが違って見える。e〜i；直線が曲がって見える。
j；平行線が平行でなく見える。k；延長線がずれて見える。l；曲がり方が違って見える。

ると，両者は等しい大きさであることがわかります。では，なぜ地平線方向の
月は，上方の月よりも大きく見えるのでしょうか。

　これに関しては，古くはギリシャ時代から議論がなされており，ギリシャ時
代の天文学者プトレマイオスは，地平方向には多くの介在物があり，そこに距
離感が生じて遠くに思えるため，過大視が生じるという説を唱えました。その
後，さまざまな説が提起されましたが，現在でもこのような奥行き感を基本と
した説が有力とみなされています。地平線方向では，重なり合う無数の建物や
木々や山々のはるか彼方に月があるわけで，そこにかなりの距離感が生じます。
網膜に映る像の大きさが同じであれば，より遠方にあるように感じられる地平
線方向の月のほうが大きく知覚されます。ゆえに，地平線方向の月は上方の月
よりも大きく見えるというわけです。これについては多くの実験が行われ，た
とえば仰角70度方向の月と比べて地平線方向の月は1.5倍ほど大きく知覚さ
れることが確認されています。ただし，地平線方向でも風景を見えなくすると
上方の月とほぼ同じ大きさに知覚されます。

3.　クレーターの錯視

　月のクレーターの写真や砂漠の航空写真などを見ると，山なのか谷なのかよ
くわからない箇所があるものです。

　図1-12のaではどこがへこみ，どこが出っ張っているように見えるでしょ
うか。だれもが上のほうに出っ張った山が2つあり，下のほうにへこんだ谷が
2つあると見るはずです。では，bはどうでしょうか。やはり同じく上のほう
に山が2つ，下のほうに谷が2つあると見るでしょう。でも，実際には，aを
180度回転させ，逆さまにしたのがbなのです。したがって，aで出っ張って
いる山と見た箇所をbではへこんだ谷と見たことになります。これをクレー
ターの錯視といいます。ためしにこの本を逆さまにして見てください。

　私たちは，光は上方から当たるものと無意識のうちに想定してものを見てい
ます。したがって，下側に陰があれば突起しているとみなし，上側に陰があれ
ばへこんでいるとみなします。日常生活では，太陽も電灯も私たちの頭の上の
ほうから照っているため，そうした想定が矛盾をもたらすことはありません。
しかし，航空写真などでは光は写真の上方から当たっているとは限りません。

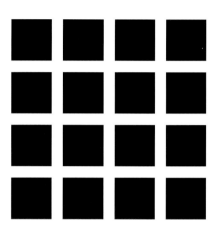

図 1-11　ヘルマンの錯視

a　　　　　　　　　　　　　b

図 1-12　クレーターの錯視（著者作成）

そんなとき，私たちの生活の知恵が，かえって錯覚を起こさせたりするのです。

4. アイメイクと幾何学的錯視

　化粧の効果を錯視によって説明することもできます。森川（2015）は，化粧による目の大きさの錯視を検討し，「上のみアイライン」条件で約4.8％，「上＋下1/3アイライン」条件で5.1％の過大視が生じるのに対して，「全周囲アイライン」条件では3.3％と錯視量が統計的に有意に少なくなることを証明しています。

　その理由として，「全周囲アイライン」条件では，図1-13のように目頭と目尻にミュラー・リヤー錯視の内向錯視図形を形成し，それが目の過小視を生じさせ，アイラインによる目の過大視の効果を弱めてしまうのではないかと考えられます。

1.4　知覚の主観性

1.4.1　知覚に働く想像力

　図1-14 aは「12，13，14」，bは「A，B，C」と容易に読めると思います。でも，真ん中の文字をよく見比べてみると，まったく同じ形をしていることに気づくでしょう。それが，aのように12と14にはさまれると何の疑問もなく13と読め，AとCにはさまれると当たり前のようにBと読めるのです。

　図1-15は，左上のaから順に見ていった者の目には男の顔が見え，dやeまでいってもやはり男の顔が見え続けているはずです。ところが，左下のhから順に見ていった者の目には裸で泣いている少女の姿が見え，eやdまでいってもやはり裸の少女が見え続けているはずです。dやeは，少女の姿にも見えるし男の顔にも見える，両義的な図形となっており，その見え方を支配するのが前後の文脈なのです。

　私たちは，目の前の個々の刺激を孤立させてとらえるのではなく，前後の刺激との関係においてとらえているのです。見る側の頭の中にある種の文脈が存在することによって，目の前の刺激はその文脈にふさわしい見え方をします。これを文脈効果といいます。かなり癖のある読みにくい字を書く人の手紙でも

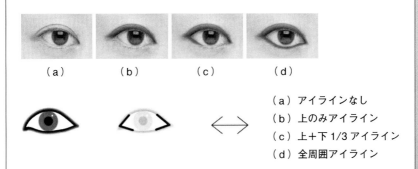

（a）　（b）　（c）　（d）

（a）アイラインなし
（b）上のみアイライン
（c）上＋下 1/3 アイライン
（d）全周囲アイライン

図 1-13　**アイメイクと幾何学的錯視の関係**（森川，2015）

森川（2015）は，化粧による目の大きさの錯視を検討し，「上のみアイライン」条件で約 4.8%，「上＋下 1/3 アイライン」条件で約 5.1% の過大視が生じるが，「全周囲アイライン」条件では約 3.3% と錯視量が統計的に有意に少なくなることを実証している。その原因として，「全周囲アイライン」条件では，図のように目頭と目尻にミュラー・リヤー内向錯視図形を形成し，それが目の過小視をもたらし，アイラインによる目の過大視を弱めてしまうことが指摘されている。

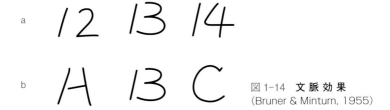

図 1-14　**文脈効果**
(Bruner & Minturn, 1955)

なんとか解読できるのは，この文脈効果のおかげなのです。こうした文脈効果の恩恵を私たちは日常的に受けているわけですが，時に自分勝手な文脈のもとに解釈することが誤解や偏見を生むことにもなります。私たちの知覚には，見る側の文脈からしてあるはずのものを見ようとする傾向があるのです。

　逆に，ないはずのものが見えるということもあります。図1-16は，3つの黒塗りの円と黒い線で描かれた三角形の上に白い三角形が重なっているように見えるはずです。しかし，白い三角形は本当に存在するのでしょうか。白い三角形の辺に部分的に注目すると，それは消失してしまいます。これを**主観的三角形**とか**主観的輪郭線**といいます。そもそも黒塗りの円や黒い線の三角形の存在さえ疑わしいのです。実際にこの図の中に明らかに存在するのは，3つの欠けた黒塗りの円と3つの黒線の鋭角だけです。でも，私たちがものを知覚する際には，けっして客観的に見たりはしません。過去経験をもとに，想像力を働かせて知覚します。

　知覚というのは，過去経験を生かした一つの解釈なのです。この図でも，バラバラな鋭角が3つあるというより三角形の3つの角と見たほうが，欠けた円が3つあるというより円が3つあると見たほうがすっきりします。そこに白い三角形が必要とされる理由があります。白い三角形が上に重なっていると見ることで，3つの鋭角は1つの三角形になることができ，3つの欠けた円は完全な円になることができます。私たちは，普段とくに意識しませんが，目の前の刺激をそのままに見るのでなく，想像力で補って見ているのです。

1.4.2　欲求や価値と知覚

　見る側の欲求が知覚を歪ませるというのは日常的によくあることですが，実験的にも証明されています。たとえば，長い筒の1本には中にうまそうなステーキのスライド写真をはめ込み，もう1本にはただの円形の図形をはめ込みます。筒の一端の小窓から中を覗くようになっており，ステーキのスライド写真は覗き窓から180cmのところにあります。これを覗いた後，もう一方の円形の図形を操作して，先に見たステーキと等距離と思われる地点まで動かします。このような手続きで昼食直後の満腹時の実験協力者と朝食抜きで昼を迎え

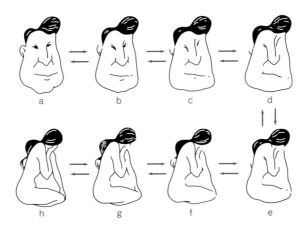

図 1-15 「男と少女」の図——文脈効果 (Fisher, 1967)

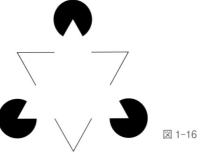

図 1-16 **主観的輪郭線**
(Kanizsa, 1976)

た空腹時の実験協力者に実験を行いました。その結果，円形の図形が置かれた
覗き窓からの距離は，満腹時 168.6cm，空腹時 156.9cm となり，ステーキを強
く欲している空腹時の実験協力者のほうがステーキを近くに見ていることが示
されました。

　同じ人物を異なる地位のもとに紹介すると身長が違って見えることを証明し
た実験もあります。そこでは，同一の人物が大学生で構成された5つのグルー
プに対して，学生，実験助手，講師，准教授，教授というように別々の地位の
もとに紹介され，おおよその身長を判断させました。各グループごとに推定さ
れた身長の平均値を比べた結果，地位が高く紹介された場合ほど身長は高く推
定されていることがわかりました。価値があると思われるものほど大きく見え
るというわけです（図1-17）。

1.4.3　時間知覚の主観性

　心理学の草創期に早くもジェームズ（1892）が指摘していたように，年をと
るにつれて時間の経過が速く感じられるようになるというのは，多くの人々の
実感するところです（榎本，2011；表1-1）。

　これは，ジェームズの直観的見解に反して，分単位の短い時間経過にも当て
はまることが実証されています。神経学者マンガンは，どのくらいで3分が過
ぎたと思うかを問う実験を3つの年齢集団を対象に行い，若年集団（19〜24
歳）では3秒長め，中年集団（45〜50歳）では16秒長め，高齢集団（60〜
70歳）では40秒長めというように，年齢が高いほど時間経過を過小評価する
ことを見出しました（ドラーイスマ，2001）。

　松田（1996）は，時間評価に影響する要因として，経過時間中に受動的に受
ける刺激の効果，経過時間中に能動的に行う作業の効果，経過時間中の心理的
要因の効果の3つをあげています（表1-2）。経過時間中に受ける刺激の効果
とは，知覚される刺激がまとまりをもって体制化されているほど，その経過時
間は短く評価されるというものです。時間経過中に能動的に行う作業の効果と
は，能動的に作業を行っているほうが経過時間は短く評価されるというもので
す。経過時間中の心理的要因の効果とは，動機づけ，期待，緊張，不安などの

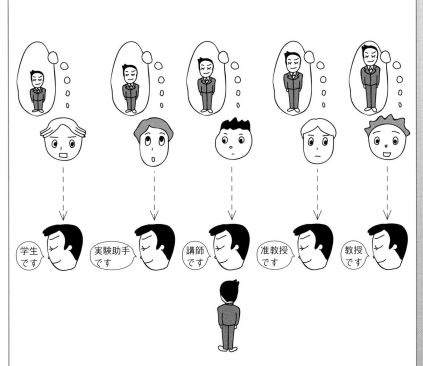

図 1-17 価値に左右される知覚

表 1-1 **年をとるにつれて時間の経過が速くなる**（ジェームズ，1892）

同じ長さの時間であっても，年をとるに従って次第に短く感じられる
——日も月も年もそうである。1 時間がそうであるかどうかは疑問であ
る。分と秒もどう見てもほぼ同じ長さのままである。

効果のことです。さらにジェームズも指摘するように，さまざまな興味深い経験で満たされた時間は，それが経過しているときは短く感じられますが，後からこれを振り返ると逆に長く感じられます。一方，とくに興味をひく出来事のない空虚な時間は，それが経過しているときは長く感じられますが，振り返ったときには短く感じられます。

　この回想時の時間知覚に関連して，4秒に1枚ずつ16枚の絵を見せる場合と，2秒に1枚ずつ32枚の絵を見せる場合を比べると，同じ64秒間であっても，後者のほうが時間が長く感じられることが実験的に確認されています（滝沢，1981）。松田（1996）も，一定時間中の音や光の刺激頻度を変えて経過時間を評価させる実験において，多くの刺激があるほうが時間が長かったと感じることを明らかにしています。経過中の時間知覚については，前述の経過時間中に能動的に行う作業の効果を見出した松田（1991）の実験によって確認されています（表1-2）。

　このような短い時間間隔の意識に関する実験における「刺激の多少」は，人生という長期間にわたる時間意識においては「印象的な出来事の多少」と読み替えることができます。子どもの頃は，日々目新しい経験をしながら世界を広げていくため，多くの刺激が詰まった時を過ごしています。それに対して，中年期以降は，目新しい経験をする頻度は著しく減少し，ルーティンの繰返しが中心となるため，印象的な出来事が少なく，単調で変化の乏しい時を過ごすようになります。そのため，若い頃の年月は長く感じられ，年をとってからの年月は短く感じられるといったことが起こってきます。年をとるにつれてあっという間に1年が過ぎるように感じるのも，そのような要因によるものとみなすことができます。

表 1-2　**時間評価に影響する 3 つの要因**（松田，1996）

---

1. **経過時間中に受ける刺激の効果**
   例：同じ字数でも，単なる単語の羅列として聴く場合と 1 つの物語
   　　として聴く場合では，物理的に同じ時間でも，後者の評価時間は
   　　前者の 90％と短めに知覚された（松田，1965）。

2. **経過時間中に能動的に行う作業の効果**
   例：やさしい課題と難しい課題を同じ時間やらせたところ，難しい課
   　　題の評価時間はやさしい課題のそれの 79％と短めに知覚された
   　　（松田，1991）。

3. **経過時間中の心理的要因の効果**
   例：経過時間中の出来事に興味・関心がなく，その時間が終わった後
   　　の出来事に関心がある場合，その経過時間は長く評価される。

●参考図書

大山　正（2000）．視覚心理学への招待——見えの世界へのアプローチ——　サイエンス社

　図と地，群化，錯視，奥行き知覚，運動知覚など，視覚のメカニズムについての基本事項をわかりやすく概説した標準的な入門書です。

下條　信輔（1995）．視覚の冒険——イリュージョンから認知科学へ——　産業図書

　認知科学的な立場から，視覚の仕組みをふんだんな図版を用いてわかりやすく解説している楽しい読み物です。

カニッツァ，G．　野口　薫（監訳）（1985）．視覚の文法——ゲシュタルト知覚論——　サイエンス社

　ゲシュタルト心理学の立場から書かれた知覚心理学の専門書ですが，図版が多いので楽しめます。

北岡　明佳（編著）（2011）．知覚心理学——心の入り口を科学する——　ミネルヴァ書房

　従来の知覚心理学の標準的な内容に加えて，運動の知覚や時間の知覚なども含めて概説しています。

村上　郁也（2019）．Progress & Application 知覚心理学　サイエンス社

　視覚，聴覚，嗅覚，味覚，体性感覚，自己・環境の把握など，知覚心理学の対象となるさまざまな領域の基本的な知見について解説しています。

学　　習

　私たちは，日々の経験を通してさまざまなことがらを学び，身につけていきます。今自分が身につけている習慣的な行動や態度を振り返ってみても，それらが遺伝的に組み込まれていたものが成長とともに自然に展開してきたものではなく，生後の経験によって後天的に形成されたものであることがわかるはずです。

　たとえば，知っている人と会ったときの挨拶の仕方や目上の人に対するへりくだった態度は，親から教えられたり，周囲の大人たちの行動や態度を観察することで身につけたものといってよいでしょう。このように，経験によって広い意味での行動に持続的な変容が生じることを学習といいます。

2.1　人間にとっての学習の重要性

　社会的動物といわれる私たち人間は，生物学的に身につけて生まれた諸性質を土台として，社会的に意味のあるさまざまな性質を後天的に身につけることで，その社会のメンバーとして一人前と認められるようになっていきます。所属する社会にふさわしい行動様式を身につけていくことを**社会化**といいますが，それは**学習**によって進行するプロセスなのです。

　20世紀半ば頃に文化人類学者や精神分析学者によって盛んに研究されていた文化とパーソナリティの関係は，その後性格心理学の領域でも研究が行われましたが，学習心理学のテーマとして取り上げられることはありませんでした。しかし，社会化が学習により進行するものであるなら，生まれ育った社会にふさわしいパーソナリティを身につけていくプロセスを検討する文化とパーソナリティ研究は，まさに学習心理学の重大なテーマとみなすこともできるはずです。

　たとえば，精神分析学者フロムは，それぞれの社会ごとに要求される性格の型があり，子どもは直接・間接に要求されている性格の型を知り，身につけていくといいます。そこで重要な意味をもつのが社会的性格です。社会的性格とは，フロム（1941）によれば，特定の集団に所属する大部分のメンバーが共通に身につけている性格構造の中核的な部分であり，その集団に共通な基本的経験と生活様式の結果として発達したものです（図2-1）。

　性格形成において学習という見方をいっそう強調したのが，文化人類学者クラックホーンです。クラックホーン（1949）は，パーソナリティはその大部分が学習の産物であり，さらには学習はその大部分を文化によって想定・管理されているとみなします。そして，文化的学習には，技術的なものと規制的なものとがあり，アメリカでは前者の技術的学習は主に学校でなされ，後者の行儀作法のような規制的学習は家庭や教会でなされていると指摘しています。また，クラックホーンは，目にふれるものだけが文化なのではなく，目にふれない部分も重要な意味をもっているとし，異文化間で行動様式を比較する際には，それぞれの独自の文化の文脈の中で個々の行動のもつ意味をとらえなければなら

図 2-1　社会的性格の学習

ないと注意を促しています。文脈の重要性については，人類学者ホール（1976）も，明らかに観察可能な表層文化の下に潜む文化の非言語的領域，いわゆる隠れた次元を探求する必要性を説いています。

　これは，ブルームのいう潜在カリキュラムに通じることがらです。潜在カリキュラムとは，公に示されているカリキュラムに対して，これを教えると公示されてはいないけれども，何らかの形で伝えられていくカリキュラムのことです。ブルームは，学校教育の大半は潜在カリキュラムの働きだといいます。つまり，学校生活を通して，知識が伝達されるだけでなく，その社会にふさわしい行動の仕方やものの見方・感じ方が伝えられていくのです（図2-2）。

　東（1989）は，わが子がアメリカから日本の小学校に移ったときの体験をもとに，日米の潜在カリキュラムの違いを例示しています。たとえば，アメリカではパーティの相棒がいないと困るので男の子と女の子は仲よくするという潜在カリキュラムがありますが，それを学習して日本の小学校にやってきた男の子がガールフレンドをつくろうとすると奇異な目で見られます。また，自分を強く押し出して先生と張り合うのが好ましいとされる潜在カリキュラムをアメリカで学習した子が，日本で先生にしつこく質問したり意見をぶつけたりすると，敬遠されてしまいます。日本の学校には，あまりしつこく自分を押し出して人を困らせてはいけないという潜在カリキュラムが機能しているのです。

　社会に適応するには，明示的な文化規範だけでなく，暗黙のうちに機能している文化規範も学習していかなければならないのです。

2.2　新たな行動様式を学習するメカニズム

2.2.1　古典的条件づけ

　ロシアの生理学者パヴロフは，イヌが飼育係の足音が聞こえると唾液を分泌することに気づきました。エサを口にすれば唾液が分泌するのは自然なことですが，ふつうは足音を聞いて唾液分泌といった反応は生じないはずです。そこで，パヴロフが行った実験が，古典的条件づけとして有名になりました（図2-3）。

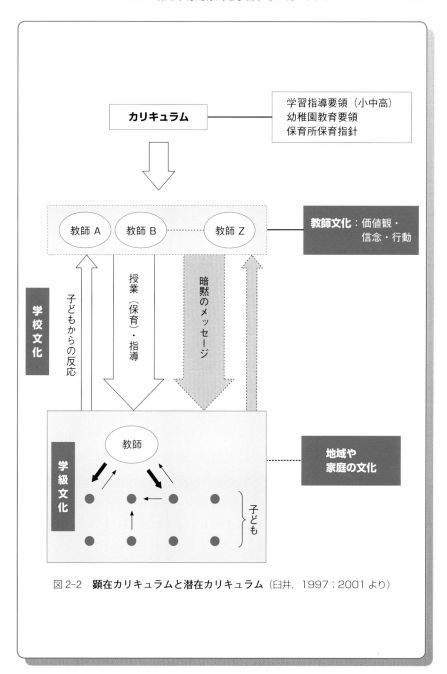

図 2-2　**顕在カリキュラムと潜在カリキュラム**（臼井，1997；2001 より）

　イヌにメトロノームの音を聞かせても，唾液の分泌は起こりません。肉粉を与えると唾液の分泌が起こります。そこで，パヴロフは，メトロノームの音に続いて肉粉を与えるという操作を繰返し行ってみました。すると，イヌはしだいにメトロノームの音を聞くだけで唾液を分泌するようになったのです。これは，メトロノームの音という刺激に対して唾液分泌といった反応を起こすというこれまで身につけていなかった新たな行動を学習したことになります（図2-4）。

　この古典的条件づけでは，肉粉のようなエサを**無条件刺激**，肉粉を与えられることで生じる唾液分泌のような反応を**無条件反応**といいます。肉粉は無条件に唾液分泌を起こさせるからです。これに対して，メトロノームの音が唾液分泌を起こさせるとき，メトロノームの音のように本来唾液分泌といった反応を起こさせない刺激を**条件刺激**，その場合の唾液分泌のような反応を**条件反応**といいます。音とエサの対呈示を繰り返すといった条件のもとではじめて形成された刺激—反応の結びつきだからです。

　私たちの日常的な行動の中にも，この古典的条件づけによって形成された刺激—反応の結びつきによるものが見られます。たとえば，レモンとか梅干しとかの言葉を聞くだけで，酸っぱさに唾が湧いてきて身震いするということがあるでしょう。これも，もともとはレモンや梅干しが口に入ったときの酸っぱい味という刺激が唾液分泌や身震いといった反応を無条件に引き起こすのみだったはずです。ところが，レモンや梅干しを見た後それを口に入れ酸っぱさを感じるという経験を繰り返すことによって，レモンや梅干しを見るだけで唾が湧き身震いするということが起こってきます。レモンや梅干しの外見といった条件刺激と唾液分泌や身震いといった条件反応の結びつきができ，新たな行動パターンを学習したのです。これは，まさに古典的条件づけによる所産でしょう。さらには，レモンとか梅干しとかの言葉を聞いた後にレモンや梅干しの外見を見て，それを口に入れて酸っぱさを感じるといった経験を繰り返すことによって，レモンとか梅干しといった言葉を聞いただけで唾が湧き身震いするようになります。レモンとか梅干しなどの言葉という条件刺激と唾液分泌や身震いといった条件反応の結びつきができ，新たな行動パターンを学習したのです。

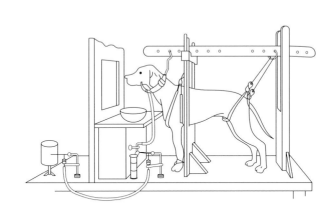

図 2-3　**パヴロフの実験装置**（Yerkes & Morgulis, 1909）

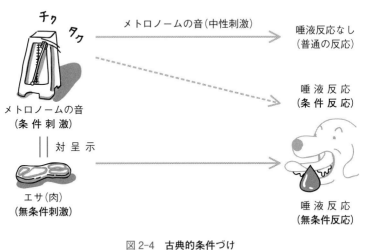

図 2-4　**古典的条件づけ**

2.2.2　道具的条件づけ

　古典的条件づけで取り上げられる行動は，何らかの刺激によって有無をいわさずに引き起こされる反応です。たとえば，唾液分泌のように。これに対して，たまたま自発的に引き起こされた行動を定着させるような条件づけを道具的（オペラント）条件づけといいます。これは，ソーンダイクによって発見されたものですが，スキナーによる実験が有名です。

　スキナーは，スキナー箱と呼ばれる実験箱を使っていろいろな実験を行っています（図 2-5）。この実験箱には，レバーと餌皿があって，レバーを押すと餌皿に餌が出てくる仕掛けになっています。この箱にたとえば，ネズミを入れると，ネズミは，そこらじゅう動き回っているうちに，たまたまレバーを押したはずみに餌皿に餌が出てくるといったことを経験します。そうした経験が積み重ねられ，やがてネズミは，レバーを積極的に押すようになります。レバー押しという新たな行動様式が学習されたのです。このメカニズムで重要なのは，餌のような報酬を用いることによって自発的にとられた特定の行動の定着がはかられるという点です。この場合の報酬を**強化子**，強化子を与えることを**強化**といいます。

　この道具的条件づけは，日常生活の至る場面で行われています。たとえば，子どものしつけの場面でもよく用いられます。人に対して親切な行動をとったときに誉めてあげるとか，勉強で頑張ったご褒美におもちゃを買ってあげるとかいうのも，誉めるとかおもちゃとかいった強化子を与えることで望ましい行動を定着させようとするものです。シャチが芸をして観客を喜ばせてくれる見せ物がよくありますが，合図に合わせて芸をしたら餌がもらえるということを繰返し経験することで，シャチは合図とともに芸をするという行動を学習するのです。

2.2.3　観 察 学 習

　以上の条件づけによる学習は，本人自身の反応や自発的行動をもとにして行われるものでしたが，私たちが学習するとき，つまり新たな何かを身につけるとき，その多くは間接体験によるものではないでしょうか。

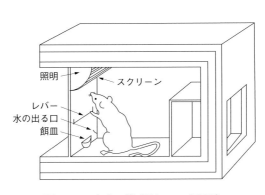

照明　　　スクリーン

レバー
水の出る口
餌皿

図 2-5　**スキナー箱**（Skinner，1938）

　モデリングという概念を提唱したバンデューラは，モデルとなる人物の行動を真似ることを**モデリング**，それによって成立する学習を**観察学習**といいました。つまり，観察学習とは，報酬が与えられなくても，ただモデルとなる人物の行動を観察することによってその行動を身につけるといった形式の学習，つまり強化なしに観察だけで成立する学習のことです。

　テレビやマンガの暴力描写や性描写が子どもや若者に悪影響を与えるのではないかといった議論がありますが，これなども観察学習の問題といえます。暴力描写がそれを見た子どもたちの攻撃行動を促進することは，多くの実証的研究によって証明されています。ペイクとコムストック（1994）は，217の研究のメタ分析により，テレビの暴力映像が反社会的行動を増加させることを確認し，アンダーソンとブッシュマン（2001）は，暴力的なビデオゲームの影響に関する研究のメタ分析により，暴力的なビデオゲームをすることで攻撃行動が増えることを確認しています。

　暴力的なメディアとの接触が攻撃行動の獲得を促すといった形の観察学習の効果については，実験室の研究のみならず縦断的研究によっても証明されています。ヒュースマンたち（2003，2007）は，平均年齢8歳だった子どもたちが20〜25歳になる15年後に追跡調査した結果，8歳の頃に暴力的なテレビ番組を常習的に見ていた者は，男女とも大人になったときの攻撃性が高いことを確認しています。たとえば，8歳の時点で暴力的番組の視聴時間が上位4分の1に入っていた男性では，犯罪を犯した者は11％（それ以外の男性では3％），過去1年間に配偶者を押したりつかんだり突き飛ばしたりした者は42％（同22％），過去1年間に腹を立ててだれかを突き飛ばした者は69％（同50％）というように，攻撃行動をとる人物の比率の高さが目立ちました。女性でも，8歳時に暴力番組の視聴時間の上位4分の1に入る者では，過去1年間に配偶者に物を投げた者は39％（それ以外の女性では17％），過去1年間に腹を立ててだれか大人を殴ったり首を絞めたりした者は17％（同4％）となっており，男性同様に攻撃行動の高さが目立ちました（表2-1）。

表 2-1　児童期の暴力的メディアとの接触と成人後の攻撃行動
（Huesman，2007 より作成）

【児童期暴力的番組高接触群】（8 歳時に暴力的番組の視聴時間が上位 4 分の1）	
男　　性	
犯罪を犯した者	11%
過去 1 年間に配偶者を押したりつかんだり突き飛ばしたりした者	42%
過去 1 年間に腹を立ててだれかを突き飛ばした者	69%
女　　性	
過去 1 年間に配偶者に物を投げた者	39%
過去 1 年間に腹を立ててだれか大人を殴ったり首を絞めたりした者	17%
【児童期暴力的番組低接触群】（8 歳時に暴力的番組の視聴時間が下位 4 分の3）	
男　　性	
犯罪を犯した者	3%
過去 1 年間に配偶者を押したりつかんだり突き飛ばしたりした者	22%
過去 1 年間に腹を立ててだれかを突き飛ばした者	50%
女　　性	
過去 1 年間に配偶者に物を投げた者	17%
過去 1 年間に腹を立ててだれか大人を殴ったり首を絞めたりした者	4%

2.3 　やる気と無気力

2.3.1 　学習された無力感

　やる気があるとかやる気がないとかいういい方は，日常生活でよく用いられますが，どうしたらやる気のある人間になるのか，逆にいえばどんなふうにしてやる気のない人間ができるのかということは，大いに気になるところです。

　ここではまず，やる気のなさ，いい換えれば無気力とか無力感というものが，どのようにして身につけられていくのかについて見ていきましょう。

　セリグマン（1975）は，イヌの条件づけを利用した実験を行っています。

　イヌを実験箱に入れます。箱の中は，低い柵によって2部屋に仕切られています。部屋の電気が暗くなってしばらくすると，床の金属板を通して電気ショックが与えられます。イヌは苦痛のため動き回りますが，たまたま柵を飛び越えて反対側に行くと，電気ショックから逃れることができます。こうした経験を繰り返すうちに，多くのイヌは部屋の電気が暗くなると柵を飛び越えて電気ショックからうまく逃れるようになります。新たな行動パターンが学習されるのです。

　ところが，セリグマンは，ちょっと残酷な実験をしています（図2-6）。それは，次のようなものです。2日間にわたる実験で，1日目にイヌはハンモックに固定された状態で，逃げることのできない電気ショックを何度も繰返し与えられます。そして，2日目には，先ほどの実験箱で電気ショックを何度も与えられます。すると，実験箱では柵を飛び越えるという適切な行動をとれば電気ショックから逃れられるにもかかわらず，多くのイヌは無気力にただ苦痛に耐えるだけということになってしまいました。最初から2日目の実験をすれば，電気ショックから逃れるための行動を学習できるはずです。ところが，1日目に無力感というものを学習してしまったため，その後になんとか頑張れば切り抜けることができる状況に置かれても，なんとかしようという気力が湧いてこないのです。

　この実験は，努力しても自分の置かれたひどい状況が好転しないとき，無力感が学習されることを示唆するものです。セリグマンたちは，解決不可能な課

【電気ショックから逃げられる場合】

イヌを実験箱に入れる。部屋の電気が暗くなってしばらくすると，金属板を通して電気ショックを与えられる。やがて部屋が暗くなっただけで柵を飛び越えて逃げるという行動を学習する。

電気ショックが与えられると，すぐに柵を飛び越えて逃げる。

【電気ショックから逃げられなくした場合】

ハンモックで固定し，逃れられない電気ショックを繰返し与える。

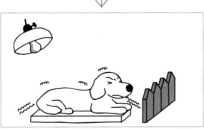

逃げられるようになっても無気力に耐え，逃げようとしなくなる。

図 2-6　学習された無力感

題を与え，努力しても何らよい結果が得られないという経験を繰り返すことにより，学習意欲が低下し，気分が安定しなくなることを明らかにし，これを**学習された無力感**と呼びました。

　ここから示唆されるのは，やる気を育てるには努力が報われる経験，自分が行動することで状況を好転させることができるという経験をしておくことが大事だということです。

　デシ（1971）は，外発的動機づけを用いることが内発的動機づけを低下させることを実験を用いて証明しました。**外発的動機づけ**とは，報酬や罰を与えることによってやる気にさせることをさします。これに対して，**内発的動機づけ**とは，外界から賞罰を与えられることなしに知的好奇心によって何かをする場合のように，その行動をすること自体が報酬となっており，本人が自発的に動くことをさします。デシは，面白いパズルをたくさん用意して，パズルの好きな大学生たちにパズル解きをさせるという実験を3日間にわたって行いました（図2-7）。学生たちは，A・Bの2グループに分けられました。1日目は，両グループともただ好奇心のおもむくままにいろいろなパズルに取り組みました。2日目には，Aグループのみがパズルを正しく解くたびに金銭報酬をもらいました。Bグループは1日目同様，ただパズルを解くのを楽しみました。3日目は，1日目と同じく，両グループともただパズルを解いて楽しむだけでした。その結果，Aグループにおいてのみ，3日目にパズル解きへの意欲の低下が見られました。パズルを好奇心のままに楽しんでいた者も，外的報酬をもらうためにパズルを解くという経験を繰り返した結果，報酬なしに自発的にパズルを解く意欲が低下してしまったのです。つまり，外から報酬を与えられることによって内発的動機づけが低下してしまう場合があるということが明らかになりました。

　このことから示唆されるのは，やる気にさせるためにご褒美をあげるというやり方が必ずしもよい結果につながらないこと，悪くするとせっかくもっていた好奇心の芽を摘んでしまうことにもなりかねないということです。最近の高校生や大学生の勉学意欲の乏しさも，勉強した結果に対して与えられる成績という外的報酬のために頑張るという経験の積み重ねによって，本来勉学行為に

図 2-7　報酬がやる気を失わせる場合

伴うはずの，知らないことがわかり自分の世界が広がっていく喜びに対する感受性や，未知の世界に対する好奇心が減退したものと見ることもできます。

2.3.2 自己決定理論

このように外的な報酬を与えることで内発的動機づけが低下することをアンダーマイニング効果といいます。これは，報酬を与えることによって動機づけを高めることができるという広く共有されていた考え方を根底から覆すものでした。

こうした外的報酬と内発的動機づけの関係を統合的に説明しようというのが，ライアンとデシ（2000）の自己決定理論です。自己決定理論では，私たちは有能さ，関係性，自律性という3つの基本的な心理的欲求をもっていると仮定します。そして，これらの心理的欲求が満たされることで内発的動機づけが促進されると考えます。

何らかの作業をするように外的報酬によって促されると，報酬を得られる嬉しさがあるものの，「させられている」といった感覚になり，自律性の欲求が阻害されるために，外的報酬のないときにはやる気がなくなる，つまり内発的動機づけが低下します。これが自己決定理論によるアンダーマイニング効果の説明になります。

ただし，デシたち（1999）は，自律性をそれほど阻害せず，有能感を高めるような形で外的報酬が与えられる場合には，内発的動機づけが低下するどころか，逆に高まることもありうるといいます。たとえば，「うまくできたね」といった声がけのような外的報酬は，内発的動機づけを高めると考えられます。

このように自己決定理論では，内発的動機づけと外発的動機づけを連続線上にあるものととらえています（図 2-8）。当初は外的報酬によってやらされていた，つまり外発的動機づけによって取り組んでいた作業であっても，有能感や関係性の欲求が満たされることで，しだいに内発的動機づけによって自発的に取り組むようになっていくということがありうると考えられます。

デシたち（1994）は，「すべきだ」というような強制的ないい方をすると自律性の欲求が阻害され，内発的動機づけが低下することを見出しています。し

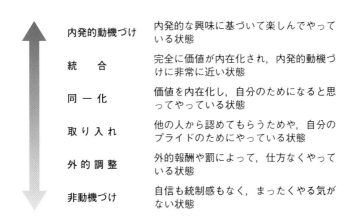

	内発的動機づけ	内発的な興味に基づいて楽しんでやっている状態
	統　　合	完全に価値が内在化され，内発的動機づけに非常に近い状態
	同 一 化	価値を内在化し，自分のためになると思ってやっている状態
	取 り 入 れ	他の人から認めてもらうためや，自分のプライドのためにやっている状態
	外 的 調 整	外的報酬や罰によって，仕方なくやっている状態
	非動機づけ	自信も統制感もなく，まったくやる気がない状態

図 2-8　自己決定理論における内発的動機づけと外発的動機づけの連続性
（Ryan & Deci, 2000 より作成；村山, 2010)

	成 功 体 験	失 敗 体 験
やる気のある人	能力があるから / 努力したから	努力不足だ
やる気の乏しい人	簡単だったから / たまたま運が良かっただけ	適性がない / 能力不足だ

図 2-9　やる気と原因帰属

たがって，たとえば勉強嫌いを防ぐには，有能感を刺激したり，関係性を良好に保つように心がけたりすることが大切といえます。

2.3.3　原因帰属のスタイルとやる気

うまくいったとき，あるいは失敗したとき，はっきり意識しないにしても，何かのせいにして納得しているものです。何かのせいにすることを**原因帰属**といいます。原因帰属の仕方には，個人の中でかなりの一貫性があるようです。

たとえば，試験で悪い成績をとったときに「自分は頭が悪いんだ」と思いがちな人は，スポーツで負けたときも「自分にはこのスポーツは向かないんだ」と思いがちだったり，好きな人に振られたときも「自分はもてないんだ」と悲観しがちだったりします。中には，何でも「先生に嫌われているから」「チームが弱いから」のように他人のせいにしがちな人もいれば，運の悪さのせいにしていつも逃げの姿勢をとる人もいます（図2-9）。

これに関連して，ロッター（1966）は，内的統制―外的統制という概念を導入しました。内的統制とは自分の能力・技術や努力といった内的条件に原因を求める認知の仕方で，外的統制とは運や他人の力などの外的条件に原因を求める認知の仕方です。そして，やる気のある人には，内的統制型が多いことを発見しました。

さらに，ワイナーたち（1972）は，内的統制―外的統制という統制の位置に固定的―変動的といった安定性の次元を交差させて，原因帰属の4つのタイプを設定しました（図2-10）。これらのタイプとやる気との関係については，やる気のある人は成功を能力や努力といった内的条件に，失敗を努力不足のような変動的な内的条件に帰属させることが示されました。反対に，やる気の乏しい人は，成功場面でも失敗場面でも努力のような変動的な内的条件のせいにすることが少ないことがわかりました。失敗を努力不足のせいにしたなら，次は頑張ろうという意欲につながるかもしれませんが，能力不足のせいにした場合には「どうせだめだろう」とあきらめの姿勢をとりやすくなってしまうでしょう。

ここから示唆されるのは，やる気を高めるには努力要因を思い浮かべるよう

安定性の次元

の次元 統制の位置		固 定 的	変 動 的
	内 的 統 制	能　力	努　力
	外 的 統 制	困 難 度	運

図 2-10　**原因帰属の 4 タイプ**（Weiner et al., 1972）

表 2-2　**算数の成績が悪い場合の日米の子どもと母親の帰属のしかた**
（Hess et al., 1986 ; 臼井, 2001 より）

	日本（N=39）		アメリカ（N=47）	
	母親 平均値（SD）	子ども 平均値（SD）	母親 平均値（SD）	子ども 平均値（SD）
能力の不足	1.45（2.26）	1.93（1.92）	2.62（2.66）	3.38（2.50）
努力の不足	5.63（3.65）	3.58（2.37）	3.09（2.56）	1.98（2.12）
学校での指導	1.05（2.01）	0.93（1.10）	2.26（2.24）	1.30（1.96）
不　　運	0.76（2.08）	1.02（1.65）	0.38（1.05）	1.94（2.20）
算数の難しさ	1.14（1.82）	2.53（1.91）	— —	— —
家庭での指導	— —	— —	1.66（1.52）	1.40（1.79）

SD＝標準偏差。

に導くことが大切だということです。

　ヘスたちは，日米の子どもの成績についての母親および子ども自身による原因帰属を比較しています。算数の成績についての結果を示したのが表2-2です。これを見ても，アメリカでは母親も子どもも「能力」や「学校の指導」のような自分ではどうにもできない要因に原因を求める傾向が日本より強いのに対して，日本では母親も子どもも「努力」といった自分でコントロールできる要因に原因を求める傾向がアメリカより強いことがわかります。とくに，日本の母親や子どもの「努力の不足」のせいにする傾向が突出しています（図2-11）。

　このように努力至上主義的傾向が見られる日本においては，動機づけに関してアメリカとはまた違った形の問題があると考えられます。努力至上主義に走りがちな日本の文化的風土を考えると，アメリカ文化のもとで見出された結果をそのまま取り入れることなく，慎重に検討することが必要でしょう。

2.3.4　自己調整学習

　自己調整学習とは，学習方法を変更したり，学習目標を修正するなど，学習過程を学習者自身が調整しながら主体的に学習を進めていくことを指します。

　ジマーマン（1986, 1989）によれば，自己調整学習においては，学習者がメタ認知，動機づけ，行動制御という3つの過程に能動的に関与することで，効果的な学習になっていきます（表2-3）。

1. メ タ 認 知

　自分自身の学習の成果や進み具合をモニターし，目標通り順調に進んでいることを自己評価しながら，学習目標や学習方法を調整していきます。つまり，自分の学習活動をたえず点検し，より効果的な学習を進めていくために，必要に応じて修正します。

2. 動 機 づ け

　自己調整学習の重要な要素に自己決定・自己強化があります。自己決定理論についてはすでに解説した通りです。また，バンデューラ（1977）は自己調整モデルにおいて，満足感や不満感といった自己評価反応により多くの人は行動を制御しているとしています。つまり，自己評価反応が自己強化の強化子と

図 2-11　日米による原因帰属の違い

表 2-3　自己調整学習の 3 つの過程

---

①メタ認知

　自分自身の学習の成果や進み具合をモニターし，目標通り順調に進んでいることを自己評価しながら，学習目標や学習方法を調整していく。

②動機づけ

　自己決定および自己評価によって動機づけを高める。

③行動制御

　自分にとっての難易度に応じて学習時間を増減させたり，必要なときには集中力を高めたりして，学習行動を自己制御する。

なっているとみなします。竹綱（1984）は，自己採点による自己評価反応が動機づけ効果をもち，自己採点により成績が向上することを確認しています。

3. 行 動 制 御

なかなか理解できないときは集中力をよりいっそう高めたり，学習時間を増やしたりすることで習得を目指し，容易に理解できるときは学習時間を減らして先に進むなど，学習者自身が学習行動を制御します。

以上のように，学習者が自らの学習過程を調整することで効果的な学習になっていくと考えられます。

●参 考 図 書

山内 光哉・春木 豊（編著）（2001）．グラフィック学習心理学──行動と認知── サイエンス社

行動主義の流れを汲みつつ，認知心理学の新たな展開も視野に入れて，学習のメカニズムを解説しています。

東 洋（著）・柏木 惠子（編）（1989）．教育心理学──学習・発達・動機の視点── 有斐閣

心理学と教育方法の橋渡しをしてきた著者が，主として子どもの知的発達を材料に，教育実践に活かす教育心理学のあり方についてやさしく論じたものです。

波多野 誼余夫・稲垣 佳世子（1989）．人はいかに学ぶか──日常的認知の世界── 中央公論社（中公新書）

学習における人間の能動性・有能性を強調する立場から，学習のメカニズムを平易に解説しています。

市川 伸一（編）（2010）．現代の認知心理学5 発達と学習 北大路書房

認知心理学の基礎理論の解説と認知心理学の教育実践への展開の2部構成で，認知心理学と学習をつなぐ領域の解説をしています。

上淵 寿（編著）（2004）．動機づけ研究の最前線 北大路書房

1990年代から2000年代初頭の動機づけ研究の動向について解説したもので，動機づけ研究の展開を知るうえで役に立ちます。

榎本 博明（2015）．モチベーション・マネジメント 産業能率大学出版部

自分をやる気にさせたり，組織を活性化させたりするモチベーションマネジメントの背景となる理論や視点を体系的かつ平易に解説したものです。

記　　　　憶

　記憶というのは，私たちの生活にとって欠かせない機能です。朝目が覚めた
とき，自分がだれであるかがわかるのも記憶のおかげです。起きたら歯を磨い
たり，顔を洗ったり当たり前のようにするのも記憶のおかげです。洗面台やト
イレや着替えが入っているタンスの場所を間違えないのも記憶のおかげです。
記憶なしでは，私たちの日常生活は成り立ちません。ここでは，そうした記憶
の機能について考えてみましょう。

3.1　記憶のメカニズム

3.1.1　記憶の貯蔵システム

1.　記銘・保持・再生

　記憶に関しては，記憶する材料を記銘し，保持し，再生するという段階に分けて考えることができます（図3-1）。記銘というのは，何らかのことがらを心に刻む機能です。保持というのは，記銘された内容が消え去らないように維持し続ける機能です。再生とは，保持されている内容を取り出す機能です。つまり，記憶というのは，あることがらを覚え，それを忘れないように維持し，さらにそれを必要に応じて思い出して日常生活に活かせる能力だということができます。

2.　感覚記憶・短期記憶・長期記憶

　アトキンソンとシフリン（1968）は，情報処理論をもとにした認知心理学的立場から，記憶の多重モデルを唱えています。つまり，外部から入力された情報がどのような段階を踏まえて処理されていくかといった観点から，感覚記憶（感覚情報貯蔵）→短期記憶（短期情報貯蔵）→長期記憶（長期情報貯蔵）の3段階に分けて記憶貯蔵と再生（検索）のシステムをモデル化しました（図3-2）。その後も，多くの記憶研究者がこの考え方を踏襲しています。

　感覚記憶とは，ほんの一瞬だけ情報が保持されるもので，たいていは1秒以内に消失すると考えられています。何かを見て，それが何であるかを判断するときなど，この感覚記憶が機能しています。無数の刺激が感覚器官を通してたえず入ってきますが，とくに注意を向けた情報以外はすぐに消え去っていきます。でも，すぐに消えていくからこそ，私たちは無数の刺激が氾濫する世界を生きていくことができるのです。目にするもの，耳にすることすべてを保持していたら，あっという間に記憶容量を超え，身動きがとれなくなってしまうはずです。

　短期記憶とは，数秒から10数秒程度保持される一時的な記憶です。その内容を頭の中で繰返し読み上げる，つまりリハーサルすることで，保持時間を延ばすこともできます。たとえば，電話番号を聞いて，そこに電話をかけるとき

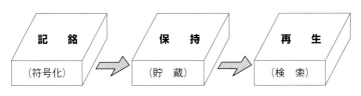

図 3-1 記憶のプロセス

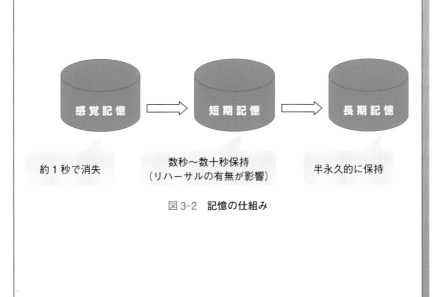

図 3-2 記憶の仕組み

などは，聞いた番号を短期記憶に送り込み，リハーサルによって維持し続けながら，電話をかけることになります。リハーサルなしでは，いざ番号をプッシュしようというときになって忘れているといったことにもなりかねません。早口の人のほうが記憶範囲が大きいという報告がありますが，早口の人は一定時間内にリハーサルをより多く繰り返すことができるからと考えることができます。ただし，機械的反復のリハーサルの場合，音響効果による貯蔵にすぎないため，せいぜい数十秒程度で忘れてしまいます（図3-3）。

　読み上げる数字を覚えるようにいっておいて，数字を読み上げた直後に再生させるという知能検査があります。これを実験的に行い，5割の正答率が得られる桁数を数字の記憶範囲といいますが，平均して7桁であることが知られています。記憶の得意な人，苦手な人というのがいて，個人差もありますが，ほとんどの人が7±2，つまり5〜9桁の間に収まります。数字以外にもこの法則が当てはまります。このことを発見したミラー（1956）は，「不思議な数7プラス・マイナス2」という論文の中で，情報単位としてのチャンクという概念を提起し，人は5〜9個のチャンク，平均して7チャンクしか記憶できないとしています。チャンクというのは，記憶する人にとっての意味のあるひとまとまりのことです。1個の数字や1つの文字をばらして記憶するときには，7数字あるいは7文字程度しか記憶できません。でも，3桁の数字や3文字からなる単語を記憶するとなれば，3つの数字や文字が1つのチャンクを形成するため，7数字や7単語を記憶でき，記憶可能な字数は3倍に増えます。さらには，意味のある形で数字を連ねた数式や単語を連ねた文を覚えるとなると，1つの数式や文が1つのチャンクを形成するため，7つの数式や文を記憶でき，記憶可能な字数は飛躍的に増大していきます。このように，7チャンクしか記憶できないとしても，個々の記憶材料の間に意味上の関連をもたせることで，記憶容量をかなりの程度増大させることができるのです（図3-4）。

　クレイクとロックハート（1972）は，処理水準という考え方を提起して，リハーサルをただ音響的に反復するだけの処理水準の浅い維持リハーサルと，意味づけをしたり連想したりする処理水準の深い精緻化リハーサルの2種に分類しました。維持リハーサルでは情報は一時的に保持されるだけですが，精緻化

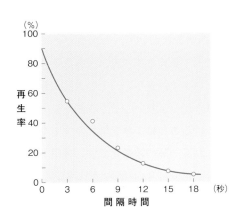

図 3-3　**短期記憶の保持曲線**（Peterson & Peterson, 1959）
単なる機械的反復のリハーサルで記銘しても，3〜6秒後には半分以上忘れ，
15〜18秒後には9割以上忘れてしまう。

1 桁の数字なら

| 5 | 9 | 4 | 3 | 1 | 7 | 6 |

3 桁の数字になると

594　317　628　419　072　364　850

1 文字なら

| さ | と | な | け | を | め | ひ |

3 文字の単語になると

さとな　けをめ　ひつみ　るやう　ちとそ　ゆまし　わらあ

図 3-4　**不思議な数 7 ± 2**

リハーサルでは情報は長期記憶に転送され長期にわたって保持されます。

　精緻化には，好き・嫌い，経験のある・なし，自分にあてはまるかどうかなど，自分自身と関連づけて考えながら覚えるものもあります。ロジャーズたち（1977）は，単語を覚える実験において，ただその単語の文字の形や発音の音を反復リハーサルすることで覚えるよりも，意味を考えながら覚えるほうが成績が良いことを見出しています。さらに，その単語が自分にあてはまるかどうかを考えながら覚えるほうが，よりいっそう成績が良いことを見出しています。このように自分と関連づけることにより記憶しやすくなることを自己関連づけの効果と言いますが，これも一種の精緻化です。豊田（1989, 1997）は，単語を記憶する実験において，自分自身の経験と照らし合わせることで成績が良くなることを確認し，ウォレンたち（1985）が提唱した自伝的精緻化の効果を裏づけています。

　長期記憶とは，意味の連鎖によって保持される，比較的永続性のある記憶です。それまでに経験したあらゆる意味のあることがらや知識がそこに保持されています。長期記憶には，エピソード記憶と意味記憶という言語化できる記憶のほかに，言語化しにくい手続き記憶も含まれます（図 3-5）。

　エピソード記憶とは，個人的な経験にもとづく記憶で，どこで，いつ，どんなことが起こったというような内容が含まれます。自分自身のエピソードだけでなく，目撃したエピソードやニュースで見たり人から聞いたりしたエピソードも含まれます。

　意味記憶とは，一般的な知識や概念に関する記憶で，固有名詞，言葉の意味，モノや生物の概念（石，花，犬，鳥），社会構成体の概念（学校，会社，病院，NPO），法律やゲームのルールといった抽象的知識など，さまざまな知識が含まれます。

　手続き記憶とは，認知的・行動的な一連の手続きとして再現されやすい記憶で，各種の運動スキル（テニス，スケート，自転車の乗り方），芸術スキル（ピアノやバイオリンの弾き方，彫刻の仕方），ビジネススキル（電話応対や営業のスキル），社会的マナー（あいさつの仕方，テーブルマナー）など，主として身体に染みついた技能に関する記憶をさします。

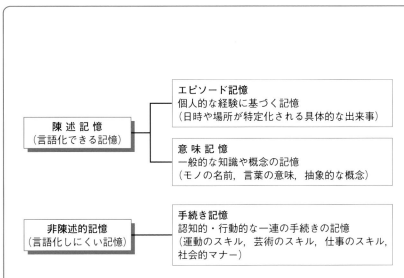

図 3-5 **長期記憶の分類**

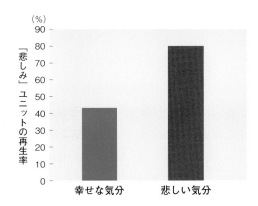

図 3-6 **気分一致効果** (Bower et al., 1981；谷口，2002)

　同じ場面を経験したり，同じ話を聞いたとしても，人によって記憶が違うということがよく起こります。そこに気分一致効果が絡んでいることがあります。記憶する人の感情状態と一致する感情価をもつ内容が記憶に定着しやすく，これを**気分一致効果**といいます。

　これを証明した実験として，幸せな気分に誘導された人たちと悲しい気分に誘導された人たちに約1,000語からなる短い物語を読ませる実験があります（バウアーたち，1981；谷口，2002）。そこには2人の人物が登場し，一方は幸せな人物，もう一方は不幸な人物として描かれています。翌日になって，前日に読んだ物語の再生を求めました。その結果，再生量全体には差がありませんでしたが，読む前に幸せな気分に誘導された人たちは楽しいエピソードを多く思い出し，悲しい気分に誘導された人たちは悲しいエピソードを多く思い出すというように，思い出す内容に明らかな違いが見られました（図3-6）。これによって，自分の気分に馴染むことがらは記憶に刻まれやすく，自分の気分に馴染まないことがらは記憶に刻まれにくいことが示されました。

　このような研究結果を見ると，私たちはものごとを非常に主観的に見ており，目の前の現実を自分の感情状態に合わせて勝手に歪めて記憶していることがわかります。

3.1.2　忘　　却

　忘却というのは忘れ去ることです。意味のあることがらや覚えているべきことがらを忘れるというのは否定的経験であって，それを防ぐために忘却を防ぎ記憶の定着を強化する方法を考案するのも大切なことです。記憶術などはその端的な例です。でも，忘れるということが肯定的な意味をもつこともあるのではないでしょうか。思い出すのも辛い経験を忘れてしまうというのがその典型です。その場合，忘却が心の安定に貢献しているといえます。

　どのようにして忘却が起こるのか，つまり忘却の過程を説明する理論にはいくつかあり，まだ統合的な理論は提起されていません。以下に，なるほどと思わせる理論をいくつかあげますが，どれが正しいというよりも，どれもが忘却のある一面をそれぞれ説明しているとみなすべきだと思われます。

図 3-7 記憶痕跡自然崩壊説

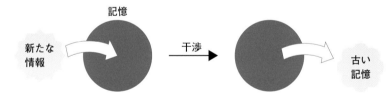

図 3-8 干 渉 説

　まず，記憶痕跡自然崩壊説があります。これは，記憶痕跡はリハーサルによって維持されるが，それが行われないと時間の経過とともに記憶痕跡が自然に消失していくというものです（図3-7）。

　干渉説というのもあります。これは，新たな情報入力に干渉されて，以前に記憶されていたことがらが忘却されていくというものです（図3-8）。試験の前日に必要事項を覚えたら，すぐに寝てしまったほうがよいというのは，この説を根拠としたものです。このことは，実験的にも証明されています。たとえば，古典的実験ですが，ジェンキンスとダレンバッハ（1924）は，無意味綴りを覚えさせた後で，睡眠をとらせる群と何か活動を行わせる群に分けて，数時間後に再生や再認といった記憶テストを行いました。その結果，睡眠をとらせた群のほうが明らかによい成績を示しました（図3-9）。活動に伴う新たな刺激の流入が，以前に学習され記憶された内容の保持を妨害するのです。

　検索失敗説もあります。これは，忘却というのが記憶された内容が長期記憶から消失したことを意味するのではなく，それをうまく検索できないことをさすと見るものです（図3-10）。ど忘れなどは，その典型といえます。確かに覚えているはずなのに，今この瞬間にどうしても思い出せない。でも，後になって，全然関係のないときに突然思い出す。そのような経験はだれにでもあるはずです。これは，思い出せないときにもその内容が消失したわけではなくどこかに保持されていたことを証拠立てる経験といえます。

　さらに，抑圧説があります。これは，フロイトの精神分析理論で中心的位置を占める抑圧という考え方に基づくもので，強く不安を喚起することがらが意識から排除され，忘れ去られていくというものです（図3-11）。つまり，本人にとって思い出すのが脅威となる経験，不安や恐怖を喚起させられる経験についての記憶は抑圧され，意識的に想起されなくなるというものです。この説の妥当性を示す実例は，臨床的事例の中に多々見られます。俗に多重人格といわれる解離性同一性障害も，思い出すとあまりにも辛い経験にまつわる記憶を抑圧することで，それを記憶している人格と記憶していない人格との解離が生じるわけですから，抑圧説を例証するものといえます。

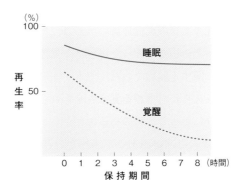

図 3-9 **睡眠条件と覚醒条件** （Jenkins & Dallenbach, 1924）

喉元まで出かかっているのに
どうしても出てこない。

図 3-10 **検索失敗説**

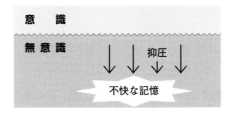

図 3-11 **抑 圧 説**

3.2　記憶の変容

3.2.1　記憶の不正確さ

　エビングハウスの時代の初期の記憶理論の多くは，コピー理論ともいうべき立場をとっていました。その根拠となった実験は，無意味綴りの記憶実験を典型とする機械的な暗記に関する実験でした。でも，実験室のように日常から切り離された場面でただ与えられた単語を覚えさせられる場合の記憶作用と，実生活の中で経験した自分にとって意味のあることがらを思い出す場合の記憶作用とでは，そのメカニズムに違いがあって当然と考えられます。そこで，コピー理論的な記憶のとらえ方は，強い批判にさらされるようになってきました。

　たとえば，ナイサーとハーシュ（1992）は，1986年のスペースシャトルチャレンジャーが爆発した事故の翌日に，その事故のニュースをどのように知ったかをレポートさせる調査を大学生に行っています。そして，3年後に，3年前の調査時にどのように答えたかを思い出させる再調査を行いました。その結果，3年前の回答と一致した者はわずか7％にすぎませんでした。ある学生の1年後の回答とオリジナルの回答を比較すると，記憶がいかに変容するものであるかがわかります（表3-1）。

　鮮明な記憶の代表に，**フラッシュバルブ記憶**があります。フラッシュバルブ記憶とは，そのときの光景がそのまま写真に焼きつけられたかのように鮮明に想起される記憶のことです。鮮明なだけに正確な記憶だと信じられていた頃もありましたが，ナイサー（1982）はその正確さに疑問を呈し，フラッシュバルブ記憶の虚偽を立証する事例として，自分自身の記憶をあげています。

　ナイサーは，自分が13歳になる誕生日の前日に突然起こった日本軍による真珠湾攻撃のニュースをどのように聞いたかについてのフラッシュバルブ記憶をもっており，長い間それを信じ込んでいました。その記憶によれば，少年ナイサーは，その当時1年間だけ住んだ家の居間でラジオの野球中継を聞いていました。放送が突然中断され，攻撃のニュースが入ってきました。びっくりしたナイサーは，2階に駆け上がって母親に知らせました。この記憶はあまりに鮮明なため，ナイサーは大人になってからもずっと信じ込んでおり，そこに矛

表 3-1 「チャレンジャー爆発事故」に関する調査対象者 R.T. の想起内容
(Neisser & Harsch, 1992；相良, 2000)

「私が最初に爆発のことを知ったのは，自分の寮の部屋でルームメイトとテレビを見ていたときです。ニュース速報が入って，本当にびっくりしました。そのまま上の階の友だちの部屋まで行って話をし，実家の両親に電話をかけてしまったくらいです。」

（1 年後）

「宗教の授業のときに，何人かの学生が教室に入ってきて，そのことを話しだしました。詳しいことはわからなかったのですが，生徒たちがみんな見ている前での爆発だったということを聞いて，たいへんだと思いました。授業の後，自分の部屋に戻ると，テレビでそのことをやっていたので，詳しく知ることができました。」

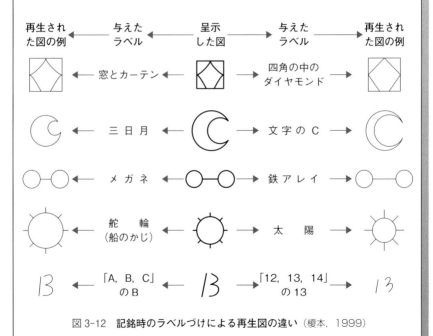

図 3-12　記銘時のラベルづけによる再生図の違い（榎本, 1999）

盾があることにまったく気づかずにいました。ところが，念のために調べてみ
ると，ナイサーの誕生日の前日にあたる 12 月には野球放送などなかったので
す。結局，このフラッシュバルブ記憶は，どこか間違っているのです。

3.2.2　意味づけによる記憶の変容

　同じものや出来事を見たはずなのに，人によって覚えていることがらが違う
ということがあります。また，同じ人が同じことがらについて，以前とは違う
説明をすることがあります。

　記憶機能については，記憶された内容が貯蔵庫にそのままの形で蓄えられ，
想起時にはそのままに再生される，つまり冷凍庫に保存したものを解凍すると
いった感じのモデルを想定する立場が主流でした。これに対して，もっとダイ
ナミックに記憶機能をとらえようとする立場があります。その起源は，バート
レットの古典的な研究にまで遡ることができます。バートレット（1932）は，
想起の社会的構成に焦点を当て，エビングハウスを代表とする多くの記憶心理
学者の研究のように無意味な記憶材料を用いるのではなく，日常生活で身近に
接するような記憶材料を用いました。すると，無意味綴りなどを用いた研究の
場合と違って，与えられた刺激の痕跡がそのまま再生されるということはほと
んどなく，記憶時に行われた刺激に対する意味づけが想起される内容に影響し
ていることがわかりました。

　意味づけが想起に及ぼす影響を検討したバートレットの実験を模して，榎本
（1999）も同様の実験を行いました。同じ図形に 2 種類のラベルを用意して，
実験協力者はそのどちらかのラベルとともに図形を見せられ，後に図形を再生
します。その結果，バートレットの場合と同じく，同じ図形でもラベルが違う
と後に再生される図形に違いが見られ，その再生図は記憶時に呈示された実物
と比べてラベルのもつ意味にふさわしい方向に歪んでいることが確認されまし
た（図 3-12）。

　たとえば，同じ図形を見ても，「窓とカーテン」というラベルのもとに記銘
した場合には，「四角の中のダイヤモンド」というラベルのもとに記銘した場
合と比べて，曲線的な膨らみのある図形として再生されやすいことがわかりま

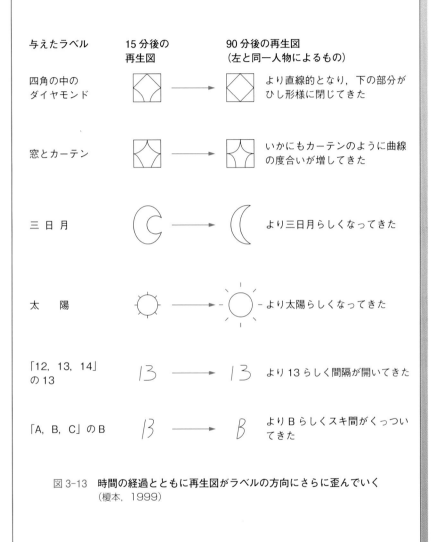

与えたラベル	15分後の 再生図	90分後の再生図 （左と同一人物によるもの）	
四角の中の ダイヤモンド			より直線的となり，下の部分が ひし形様に閉じてきた
窓とカーテン			いかにもカーテンのように曲線 の度合いが増してきた
三 日 月			より三日月らしくなってきた
太　　陽			より太陽らしくなってきた
「12，13，14」 の13			より13らしく間隔が開いてきた
「A，B，C」のB			よりBらしくスキ間がくっつい てきた

図 3-13　時間の経過とともに再生図がラベルの方向にさらに歪んでいく
（榎本，1999）

した。同様に，同じ図形でも，「メガネ」というラベルのもとに記銘した場合には，「鉄アレイ」というラベルのもとに記銘した場合よりも，いかにもメガネらしく 2 つの円の間の間隔が狭く再生される傾向がありました。

　次に，同様の実験手続きを用いて，図形をラベルとともに呈示してから 15 分後に 1 度図形を再生させ，さらに時間をおいた 90 分後に 2 度目の再生をさせて，再生図の同一人物内の変化を見ました。図 3-13 は，典型的な事例をいくつか示したものです。これを見ると，時間の経過に伴って，ラベルのもつ意味によりいっそう沿った方向に再生図が歪んでいくことがわかります。

3.2.3　目撃証言の曖昧さ

　数字，文字や図形の記憶のような実験室的な研究だけでなく，現実の生活場面における実験的研究もしだいに行われるようになりました。その典型的な研究が，目撃証言に関するものです。

　バックホート（1982）は，大学のキャンパスを使って，目撃証言の正確さに関するフィールド実験を行いました。それは，多くの学生たちがいる前で，一人の学生がある教授を襲撃する暴行事件を演出するというものです。暴行現場には，教授，犯人，そして犯人と同年齢のもう一人の 3 人が一緒にいました。たまたまその事件を目撃した者は 141 人いました。7 週間後に目撃者たちに 6 枚の写真を見せて，その中から犯人を選ばせたところ，正確に選んだ者は 40％にすぎませんでした。しかも，25％もの目撃者が，犯人と一緒に居合わせた同年齢の無実の人物を犯人だとみなしたのでした。

　仲たち（1997）も，目撃証言に関するフィールド実験を行っています。それは，客を装ったサクラが店を訪れ，品物を購入し，現金で支払い，領収書をもらって帰るというものです。その際，氏名の入っていない名刺を出し，筆記用具を借りて，名前を震えながら書きました。また，印象を強めるために，左手に包帯をしていました。3 カ月後に心理学者が訪れ，店員から供述を得たり，150 枚の写真を見せて識別させたりしました。その結果は，年齢，メガネの有無，体格，服装，服の色など，人物に関する 12 問の平均正答率は 43％，客はサインをしたか，客にペンを貸したか，支払いは現金だったか，来店の時刻，

表 3-2　**人物，出来事に関する記憶および顔の識別結果**
（仲たち，1997；厳島，2000）

人物に関する質問項目	回答率	正答率	正答数/回答数
性　　別	90	90	100
年　　齢	77	39	50
顔 の 輪 郭	43	37	86
眼鏡の有無	60	31	51
髪　　形	36	32	90
身　　長	74	62	84
体　　格	75	62	83
服　　装	61	33	54
服 装 の 色	41	19	47
帽子の有無	62	61	98
持 ち 物	61	45	73
持ち物の色	22	5	26
平　　均	59	43	79
出来事に関する質問項目			
客はその場でサインしたか	65	55	85
客にペンを貸したか	41	20	50
サインの特徴	32	18	57
名刺を押さえたか	26	15	56
客の店の名前はどうして得たか	58	27	48
店の名前の説明はどのようなものか	19	3	17
支払は現金か否か	36	13	38
釣り銭の有無	33	20	62
電話の有無	80	60	75
電話はいつ	33	22	65
来 店 時 刻	67	37	55
購入者の数	84	83	98
挨拶の有無	38	27	72
来店時どこにいたか	67	54	81
その時の店員数	58	22	38
その時の客数	52	38	73
応対した店員は誰か	70	51	72
品物は誰が持ってきたか	66	54	82
品物はどこから持ってきたか	66	46	70
包装について	61	44	71
平　　均	52	35	63
顔の写真識別	66	9	14

(%)

そのときの店員数，そのときの客数など，出来事に関する20問の平均正答率は35％とかなり低くなりました。写真による顔の識別に関しては，9％ときわめて低いものでした。目撃証言がいかに当てにならないかを思い知らされる結果といえます（表3-2）。

3.3　想起時につくられる記憶

　想起とは，オリジナルな経験をそのまま保存し，後にそれをそのまま引き出すというような受動的な作業ではなく，想起時の視点から過去経験の痕跡をもとに再構成するというきわめて能動的な作業です。そのことを端的に示しているのは，事後情報の影響を明らかにしたロフタスたちの実験結果です。

3.3.1　事後情報が想起内容を変容させる

　ロフタスとパルマー（1974）は，交通事故のフィルムを見せた後で，その事故に関する質問をするという実験をしています。衝突時の車の速度についての質問があり，その質問の仕方には5通りの表現が用意されました。その結果，同じ衝突事故のフィルムを見たにもかかわらず，衝突に関する質問で激しい表現が用いられた場合ほど，報告された速度が速くなっていました。つまり，「ぺしゃんこになったとき」「激しくぶつかったとき」「どしんとぶつかったとき」のように尋ねられたときにもっとも速い速度が報告され，単に「ぶつかったとき」と尋ねられたときはそれらより遅い速度が報告され，「接触したとき」と尋ねられたときにもっとも遅い速度が報告されました（表3-3）。

　ロフタスたちは，これと同様の実験で，「あなたは壊れたガラスを見ましたか」と尋ねています。その結果を見ると，壊れたガラスを見たという者の比率は，「ぶつかったとき」と尋ねられた場合には14％にすぎないのに，「ぺしゃんこになったとき」と尋ねられた場合には32％と2倍以上になりました。でも，実際には車の窓ガラスは壊れていなかったのです。事後の質問の言葉づかいに誘導されて，激しい衝突を印象づけられることで，実際には見ていないガラスの破片を見たと思い込むほどの想起の歪みが生じたのです（図3-14）。

表 3-3 **質問の表現による報告された速度の違い**
(Loftus & Palmer, 1974；榎本, 1999)

質問の表現	報告された速度の平均(マイル)
ぺしゃんこになったとき	40.8
激しくぶつかったとき	39.3
どしんとぶつかったとき	38.1
ぶつかったとき	34.0
接触したとき	31.8

図 3-14 **目撃証言の曖昧さ**

　交通事故でも，その他の事故や事件でも，目撃者の証言が捜査の決め手となったりしますが，質問者がどのような訊き方をするかによって目撃者の証言内容が違ってくるのですから，目撃者の証言は十分慎重に取り扱うべきでしょう。

3.3.2　想起時の視点が想起内容を方向づける

　こうして見ると，私たちの記憶というのは意外に曖昧なものであり，想起する時点の視点によって容易に変わってしまうところがあるようです。

　レビンソンとローゼンバウム（1987）は，子どもの頃の両親の養育態度が抑うつの原因となるという世に広まっている見解が過去想起に及ぼす影響を検討しています。そこでは，抑うつ者，健常者，そして抑うつから回復した者を対象に，自分が子どもの頃の両親の養育態度を想起させ，評定させています。両親の養育態度として，拒否，支配，厳格の3つの側面が測られました。その結果，抑うつ者は健常者や抑うつからの回復者よりも親が拒否的態度をとっていたとみなす傾向が示されました。ここから示唆されるのは，現時点で抑うつ状態にある者が過去の親の態度を拒否的であったと想起する傾向があるということです。こうした傾向は，抑うつ者が両親の拒否的態度が抑うつの原因となるという世に広まっている見解を意識して過去を想起したために生じた歪みであるとみなすことができます。なぜなら，もし子ども時代の親による拒否的態度が本当に後の抑うつと関連しているならば，抑うつからの回復者も抑うつ者と同様の傾向を示すはずだからです。

3.4　自伝的記憶

3.4.1　自伝的記憶の始まり

　私たちは，自分の人生上に生じたさまざまなエピソードを抱えて生きています。ずっと昔の幼い頃に経験したことがらから，つい最近経験したばかりのことがらまで，自分の身に直接降りかかったことばかりでなく，見聞きしたことまで含めて，無数の出来事やそれに結びついた気持ちを記憶しています。そうした記憶内容は，たえず意識されているわけではありませんが，必要に応じて

表 3-4　最早期記憶の例

眠りに就くとき，いつも私のほうを向いて寝てくれていた母が，新しく生まれた弟の
ほうを向いて寝るようになり，それが寂しく，母の後ろ髪を口に含み，なめたりかじっ
たりしていた様子を覚えている。

家でお餅つきをしていたこと。祖父が餅米を蒸らしている光景がはっきり記憶に残っ
ていて，兄と片栗粉を顔につけ合いっこをして，楽しかったのを覚えている（親に何
歳頃のことかと聞くと，だいたい2〜3歳くらいと言われた）。

3歳の頃，母親と一緒に洋服屋に行った。そして，私は洋服屋の店員に白いハンカチ
をもらった。そのことがうれしくて，はしゃいでいると，道端のどぶにはまってしまっ
た。そのどぶは汚い水が溜まっていて，服もハンカチも汚れてしまった。

保育園に入園したばかりの頃，朝，母に送ってもらい，園に着くと，泣いて母から離
れようとしなかったこと。

妹が生まれたときだから3歳のときのこと。なぜか，自分がお姉さんになれたとい
うことや，妹が生まれたという感動というか，良いイメージの記憶がまったくなくて，
妹のお祝いとして頂いた物を玄関に投げ捨てて，母にすごく叱られたことを思い出す。

引き出すことができます。このような自己にまつわる記憶，自分の人生史を構成する記憶を**自伝的記憶**といいます。

　私たちは，この自伝的記憶を日常生活において当たり前のように使いこなしていますが，いつ頃から自伝的記憶を手に入れたのでしょうか。人生最初の記憶に関する研究によれば，エピソード記憶が可能になるのは 3 歳頃のようです。ゆえに，自伝的記憶も 3 歳頃から手に入れられるのではないかと思われます。

　たとえば，ダディカとダディカ（1941）は，もっとも早い時期の記憶をたどると，その平均月例は 42 カ月前後であったと報告し，ハリディ（1992）も最早期記憶の平均月例は 39 カ月程度であることを報告しています。これらの結果は，自伝的記憶を構成するエピソードをたどっていくと 3 歳の頃まで遡ることはできても，それ以前まで遡ることができないことを意味するものといえます（表 3-4）。

3.4.2　レミニッセンス・ピーク（バンプ）

　自伝的記憶に関する調査法に，想起の手掛かりとして一連の単語が呈示され，それぞれの単語を刺激としてまず最初に頭に浮かぶ過去のエピソードを報告させるというものがあります。ルービンたち（1986）は，この方法を用いて，成人を対象とした調査を行い，最近の出来事ほど想起されやすいことを確認しました。ただし，昔のことになるほど想起率が単純に低下していくというわけではありませんでした。40 歳以上の人たちを対象とした調査結果を見ると，全体として見れば最近のことほどよく想起されるということができますが，10 〜 30 歳の頃の出来事は例外的に多く想起されることがわかりました（図 3-15）。これをルービンたちはレミニッセンス・ピークあるいはバンプと名づけました。10 〜 30 歳の頃の出来事がよく想起される理由として，人生においてとても重要な意味をもつ出来事が起こりがちな時期だということがあります。この時期は，広義の青年期に当たり，進学，就職，恋愛，結婚，価値観の選択，将来展望の確立など，その後の人生行路を左右する重大な出来事が詰まっているのです。

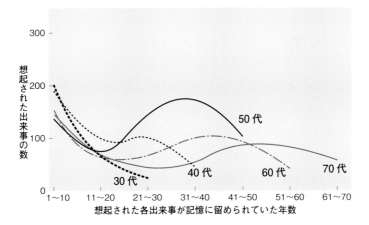

図 3-15　**5 つの年代集団の記憶の比較**（Rubin et al., 1986；榎本, 1999）

3.5 ワーキングメモリ

3.5.1 学習能力の基礎となるワーキングメモリ

学習活動に大きな影響をもつものとしてワーキングメモリがあります。これは，記憶の分類としては短期記憶に該当しますが，短期記憶がもつ重要な機能に着目する際に用いられる概念です。つまり，ワーキングメモリとは，何らかの認知課題を遂行中に必要となる記憶の働きを指す，機能的概念です（藤永，2013）。いわば，頭の中に情報を保持しながら何らかの課題遂行のために情報を処理する能力のことです。たとえば，作業の手順についての指示や注意事項を忘れて作業を行い，間違ったことをしてしまうような場合は，ワーキングメモリがうまく機能していないことが疑われます。

ワーキングメモリは，国語や算数などの成績と関係することから，学習能力の基礎となっているとみなすことができます（アロウェイとアロウェイ，2010；ケイン，2006；ケインたち，2004；ラグバーたち，2010；スワンソンとハウエル，2001）。たとえば，アロウェイたち（2009）は，5〜11歳の子どもを対象とした調査に基づき，言語性ワーキングメモリの小さい子は学力も低いことを報告しています。

ギャザコールとアロウェイ（2008）は，6〜7歳の子どもを対象として，国語や算数の成績とワーキングメモリの関係を検討しています。そこでは，各教科の成績をもとにして子どもたちを下位，平均，上位の3つのグループに分け，それぞれの言語的短期記憶と言語性ワーキングメモリの平均得点を算出しています。その結果をみると，言語性ワーキングメモリの得点は，学科の成績が低いグループほど低く，高いグループほど高くなっていました（図3-16）。この場合の言語的短期記憶は順行の数列の記憶課題，言語性ワーキングメモリは逆行の数列の記憶課題で測定されたものを指します。順列の数列の記憶課題というのは「2，5，3」と言われたら，そのまま「2，5，3」と答える課題，逆行の数列の記憶課題というのは「2，5，3」と言われたら，逆の順にして「3，5，2」と答える課題です。

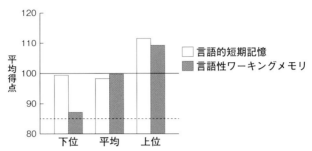

(1) 国語（＝英語）の学習到達度別に示した 6，7 歳児の言語的短期記憶と言語性ワーキングメモリ得点
横の直線は，この年齢の平均得点を示し，破線は 85 点を示す。

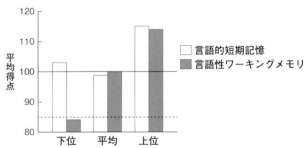

(2) 算数の学習到達度別に示した 6，7 歳児の言語的短期記憶と言語性ワーキングメモリ得点
横の直線は，この年齢の平均得点を示し，破線は 85 点を示す。

図 3-16　成績別にみた言語的短期記憶と言語性ワーキングメモリ
（ギャザコールとアロウェイ，2008）

3.5.2　ワーキングメモリの発達

　湯澤たち（2013）は，小学1年生を対象とした調査により，ワーキングメモリの小さい子の授業態度には，以下のような特徴がみられることを見出しています。

1. 積極的に挙手しない。
2. 課題や教材に対する教師の説明や他の子どもの発表をあまり聞かない。
3. 集中力が持続しない。

　このような授業態度になりがちな理由として，授業中の活動は複数の作業の組合せから構成されるために過剰な負荷がかかり，ワーキングメモリの小さい子にとってその負荷への対応が困難となることが考えられます（アロウェイたち，2009；水口・湯澤，2020；湯澤たち，2013）。たとえば，教科書の内容を念頭に置きながら教師の説明を聞いたり，他の子どもの発言・発表を聞きながらその内容の妥当性を検討したり，これまでに学んだ内容を前提とした新たな学習内容を理解したりする際に，ワーキングメモリの容量が小さいとうまく対応できなくなってしまいます。

　ワーキングメモリの発達については，ギャザコールたち（2004）が4～15歳の幼児・児童・生徒の年齢に伴う発達的変化を調べています。そこでは，9種類のワーキングメモリ課題が用いられていますが，いずれにおいても年齢とともに成績は上昇していくことが確認されました。その結果をコーワン（2016）がグラフ化したのが図3-17です。

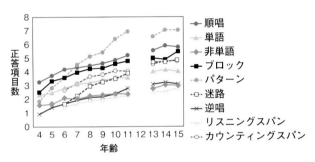

図 3-17　さまざまなタイプのワーキングメモリ課題に対する正答項目数の年齢的変化
(Cowan, 2016；湯澤, 2019)

●参考図書

太田 信夫・多鹿 秀継（編著）（2000）．記憶研究の最前線　北大路書房

　エピソード記憶，意味記憶といった基礎的な分野から日常記憶，目撃証言，記憶の病理などの応用的な分野まで含めて，最新の記憶研究を展望しています。

ロフタス，E. F.　西本 武彦（訳）（1987）．目撃者の証言　誠信書房

　目撃者の証言に絡めて，記憶の変容と再構成の問題を追究しており，心理学と法律学の架け橋ともなる著作です。

太田 信夫・多鹿 秀継（編著）（2008）．記憶の生涯発達心理学　北大路書房

　乳幼児期，児童期，青年・成人期，高齢者というように生涯発達の各ステージごとに分けて，記憶の諸側面にみられる特徴を解説しています。

榎本 博明（2012）．ビックリするほどよくわかる記憶のふしぎ――眠っているときに記憶が整理される？　記憶力を高める技術とは？――　ソフトバンククリエイティブ（サイエンス・アイ新書）

　記憶の基本的なメカニズムから，記憶に関する身近な疑問，忘れることの意義，記憶力を高める技術，潜在記憶の発想法などに至るまで，最新の知見を平易に解説しています。

仲 真紀子（編）（2008）．自己心理学 4　認知心理学へのアプローチ　金子書房

　幼児の自己の発現から，脳・時間軸・インターネットの世界に偏在する自己の姿，そして自己の記憶と想起にまで迫る認知心理学の最前線を紹介しています。

ギャザコール，S. E.・アロウェイ，T. P.　湯澤 正通・湯澤 美紀（訳）（2009）．ワーキングメモリと学習指導――教師のための実践ガイド――　北大路書房

　ワーキングメモリとは何かについて基本的な解説をするとともに，ワーキングメモリと子どもの学習活動の関係について具体的に解説しています。

発　　達

　生まれたばかりの赤ちゃんを見ると，かわいらしさについ抱き上げてみたく
なります。でも，うっかり無造作に抱き上げると壊れてしまいそうな感じで，
慎重にならざるをえません。そんな無防備でいたいけな赤ちゃんを前にすると，
なんとか守ってあげないとといった思いを強めるものです。そのような赤ちゃ
んも，1年後には歩き出し，おしゃべりをし始め，3年もたてば生意気な口を
きくようになり，中学に入る頃には親にも簡単に解けないような試験問題に取
り組み，やがて恋愛をしたり，受験や就職といった関門を通過して大人になっ
ていきます。このような成長する姿は身近にいくらでも見ることができるので，
だれもが発達ということを実感をもって知っているといえます。

4.1　発達ということ

4.1.1　発達とは

　発達とは，ある一定の方向性や順序性をもった変化のことです。それは，成熟と学習の2つの側面に分けてとらえることができます。遺伝的に組み込まれている素質がしだいに展開していく発達の側面が成熟で，経験を通して新たな性質を獲得していく発達の側面が学習です（図4-1）。

　子どもの発達を成熟優位とみなすか学習優位とみなすかで，教育的働きかけの仕方が違ってきます。成熟優位説の立場をとるゲゼルは，何らかの学習をするには成熟によって得られる準備状態（レディネス）が必要であるとみなしました。これがレディネス待ちの発達観につながります。何歳頃にどのような発達をとげるかはおよそ決まっており，レディネスを待たずに早めに教育することは十分な効果をもたらさないと見る立場です。

　これに対して，ブルーナーは，どんな高度な内容でも，提示方法や説明の仕方を工夫することで，知的性格を損なうことなく，どんな年齢段階の子どもにも学ばせることができると考え，レディネス重視の発達観を批判しました。それほど極端でなくとも，レディネスの自然な成熟を待つのでなく，適切な経験を与えることでその成立を積極的に促進していくという立場もあります。これが，レディネス促進の発達観です。成熟優位説と対比させて学習優位説とも言います（表4-1）。

　実際，外国語の習得でも，ピアノやヴァイオリン，水泳やバレーなどの技能の習得でも，レディネス促進による早期教育の効果が実証され，広く実施されています。ただし，発達を促進できるという技術的な問題と，それをすることが，またそれによってほかの活動が制約されることが本人の人生にとって長い目で見てどんな意味があるかといった価値的な問題は別です。このあたりは，教育的観点からの検討も必要となります。

4.1.2　初期経験の大切さ

　動物行動学者ローレンツは，鳥類の孵化実験をした際に，後に自身で刷り込

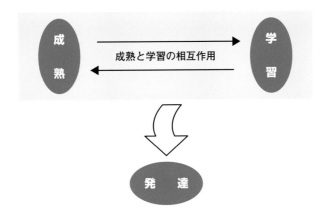

図 4-1　発達における成熟と学習

表 4-1　成熟優位説と学習優位説

成熟優位説……何らかの学習をするには成熟によって得られる準備状態（レディネス）が必要であり，レディネスを待たずに早めに教育することは十分な効果をもたらさないとする立場。
＝レディネス待ちの発達観

学習優位説……どんな高度な内容でも，提示方法や説明の仕方を学習者の発達水準に合わせるように工夫することで，知的性格を損なうことなく，どんな年齢段階の子どもにも学ばせることができるとし，適切な教育的刺激を与えることで，レディネスの成熟を促進することができるとする立場。
＝レディネス促進の発達観

み（インプリンティング）と名づけた現象を発見しました（図4-2）。発達の
ごく初期のうちにある行動パターンが刷り込まれ，終生その行動パターンをと
り続けるというものです。

　たとえば，アヒルやカモには，孵化して最初に目にした大きな動くものの後
を追うという刺激—反応図式が本能的に組み込まれています。通常，その対象
は母親なので，この図式は，食物を得るにも敵から身を守るにも好都合なわけ
です。母鳥を先頭にしたカルガモの行進が話題になったりしますが，それもこ
のメカニズムによるものといえます（図4-2）。ところが，目の前で孵化を見
守っていたのが人間であれば，まるで自分を人間であると思っているかのよう
に，その人の後を追います。そのおかげで，ローレンツは刷り込みという現象
を発見したのです。このような行動は，いったん確立されると修正不可能で，
生涯にわたって維持されます。

　人間の場合は，これほど単純ではありませんが，発達初期の対人的経験がそ
の後の対人行動を大きく左右するのは確かです。たとえば，精神分析学や発達
心理学の方面から指摘されている，乳幼児期の養育者との間の愛着関係が将来
の友人関係や異性関係に及ぼす影響なども，刷り込みという考え方で説明する
こともできます。ただし，人間の場合は，生涯にわたって学習していく柔軟性
を備えているため，その後の経験によって修正されていく可能性は十分あると
考えられます。

　発達初期の経験がその後の人生に決定的な影響を及ぼすのは事実でしょう。
その実例としては，発達初期の人間社会からの隔離によって著しい発達遅滞を
示したアヴェロンの野生児やオオカミに育てられた少女のケースがよく知られ
ています。ただし，その真偽については疑問も提起されています。さらに，発
達初期の環境剥奪による発達遅滞が，従来いわれているほど取り返しのつかな
いものではないことを，藤永（2001）の扱った養育放棄児の事例が示していま
す（図4-3）。

　出生直後から放置されていたと見られる姉弟が救出されたのは，姉が6歳，
弟が5歳のときでした。そのとき2人は，身長約80cm，体重8kg台，そして
5頭身というように，体格はまったく1歳児の段階にとどまっていました。言

図 4-2　**生まれて間もないカルガモの母子**（著者撮影）

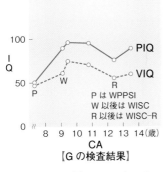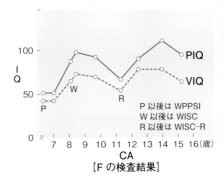

【G の検査結果】　　　　　　　　【F の検査結果】

図 4-3　**G と F の WISC 系検査の VIQ と PIQ の経過**
（藤永たち，1987；藤永，2001）

WPPSI，WISC-R ともに WISC に改訂を加えたもので，WISC とは，言語性と動作性の問題，さらに 12 の下位検査の結果により知能診断を行うテスト。また，VIQ とは言語性 IQ を，PIQ とは動作性 IQ を表している。

葉も，姉が 10 数語話すだけで，弟は言葉をまったく獲得していない状態でした。歩行も，歩くことはできず，つかまり立ちができる程度でした。5，6 歳なのに 1 歳程度の発達水準にとどまっており，発達指数はせいぜい 20 程度となります。その後の回復の水準は 50 以下と算定され，特殊学級でも通学困難，一生社会的自立は望めないという悲観的予測が成立してしまうほどのひどい発達遅滞症状を示していました（藤永，2001）。

藤永によれば，その後の治療教育の中でわかったのは，保育担当者との愛着関係がうまくいくと言語発達が急速に進行するということでした。人間の発達における愛着関係の大切さは，ここでも実証されました。その後 2 人は順調な成長を示し，2 年間の就学延期後に小学校に入学し，学業や社会性については問題はあるものの，話し言葉に関しては日常生活に支障がないくらいに発達していきました（図 4-3）。その後も続けられた治療教育のかいあって，姉は母親として，弟は社会人として立派な自立を遂げています。

この養育放棄児の事例は，人生初期の好ましい発達環境の剥奪は，その後の人生に大きな困難をもたらしはするものの，大きな可塑性をもつ人間の場合，その後の経験しだいで社会適応が可能な程度に回復していく可能性が開かれていることを示す好例といえます。

4.2　2 つの発達水準

4.2.1　発達の最近接領域

生後の経験が発達に与える影響について考える際には，私たち人間が社会的存在であるということを前提とする必要があります。私たちは，個として閉じた形でさまざまなことを学ぶわけではなく，他者とのやりとりの中で刺激を受け学習していく側面があることを忘れてはなりません。

そうしたことを考えるにあたって参考になるのは，ヴィゴツキー（1935）による発達の最近接領域というとらえ方です（コラム 4-1）。ヴィゴツキーは，発達水準を 2 つに分けてとらえます。一つは，子どもが 1 人で課題を解決できる水準，いわば現実の発達水準です。もう一つは，親や教師などの大人，先輩

コラム4-1　発達の最近接領域

「ヴィゴツキーが活躍しました当時，すでに知能テストが盛んに行われていたのですが，彼はこのテストに関して次のようなことを言っています。今2人の子どもに知能テストをやり，同じIQだったとします。そこで今度は2人の子どもに，各々出来なかった問題を大人がヒントを与えたり，助けたりしながらやらせてみるということをしますと，2人の間には違いが出てきます。例えばAの子どもは7歳半ぐらいまでやれたが，Bの方は9歳ぐらいの問題まで出来たというように開きが出たとします。この場合，2人の子どもの発達水準はIQだけによって同程度だといってしまってよいのだろうかというふうに彼は疑問を出しているのです。

　彼が何故このような問題をとりあげたかといいますと，発達にとって教育的働きかけというものが非常に大事であり，またその働きかけは子どもの発達水準を無視して行われたのでは効果が上がらないのでして，子どもがどういう水準にあるかを見究め，それに応じた働きかけをせねばならないということが重要なこととして考えられていたからです。」

　「（前略）子どもが，今日大人の助けを受けてできた事は明日独力でできるようになる事に他ならないのだ，というように主張し，模倣や大人からの助けなどによって可能になる領域のことを，その子どもの最も近い発達の領域という意味で『発達の最近接領域』と呼んだのです。そして教育というものは子どもに『発達の最近接領域』を作り出すものだというように述べています。」

（守屋慶子「ソビエトの発達心理学」村井潤一（編）『発達の理論』ミネルヴァ書房，所収）

などの年長者，あるいは能力の高い友だちなど，他人からヒントを得ることで
課題を解決できるようになる水準で，いわば潜在的な発達水準です。この両者
の間の領域が発達の最近接領域です。

　適切な教育的働きかけによってこの最近接領域を刺激し，潜在的な発達水準
が現実の発達水準になっていくように支援するのが教育の役割と言えます。潜
在的な発達水準が現実の発達水準になると，それより少し上に新たに潜在的な
発達水準があらわれます。そこで，今度はその水準を目指して，最近接領域に
働きかけていくことになります。このような教育の営みによって，現実の発達
水準が高まり，それによって潜在的な発達水準が高まるといったことが繰り返
されていきます。

4.2.2　遊びが最近接領域を刺激する

　このような教育的働きかけのことをブルーナーは足場かけと言います。足場
かけによってできるようになったら，徐々に1人でできるように支援の仕方を
調整していくことになります。足場かけをうまく行うには，子どもの2つの発
達水準を見極める必要があります。ただし，2つの発達水準ともに個人差が非
常に大きいため，同じように教育的働きかけを行っても，その効果は個人に
よって違ってきます。それが教育の難しいところです。

　ヴィゴツキーは，遊びが最近接領域を刺激し，2つの発達水準を高めるとし
ますが，身近な年長者や友だちとの遊びだけでなく，視聴する子どもたちを遊
びに巻き込むアメリカの「セサミストリート」や日本の「おかあさんといっ
しょ」，1973年に始まり，45年の歴史に終止符を打った「ポンキッキ」シリー
ズなどの教育番組も，発達の最近接領域を刺激する役割を担うものと言えるで
しょう。セサミストリート視聴前後の知的発達の成績を比較した研究では，3
歳児・4歳児・5歳児のいずれの年齢層でも，視聴回数が多いほど成績が良い
ことが示されています（図4-4）。

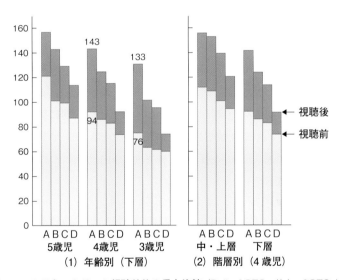

視聴量
A：週5回以上
B：週4〜5回
C：週2〜3回
D：週1回以下

図4-4　**セサミストリート視聴前後の得点比較**（Ball，1973；井上，1979より）

4.3 　発達段階と発達課題

4.3.1　発 達 段 階

　人間の発達過程をとらえる際に，年齢段階による発達水準の違いに着目して，いくつかの発達段階に分けるということが行われます。乳児期，幼児期，児童期，青年期，成人期，老年期といった発達段階の区分です。

　エリクソンは，人間の生涯を8つの発達段階に分けた心理・社会的発達段階論を唱えています。これは生物学的な内的要因と心理・社会的危機をもたらす社会的要因との相互作用によって発達が進むとするもので，発達漸成説とも呼ばれます。エリクソンの心理・社会的発達段階論では，人生の前半についての記述がとくに詳しくなっています（図4-5）。しかし，高齢化社会の進展により1970年代以降老年心理学が興隆し，さらには社会変動の激しさが中高年の適応上の問題を深刻化させたり，成人初期における自己決定の困難をもたらすなどして，成人期の心理的適応の問題にも強い関心が向けられるようになってきました。エリクソンの発達段階論をもとに，とくに成人期に焦点を当てた生活構造と発達課題をめぐる生活史的研究を進めたのはレビンソン（1978）ですが，レビンソンは，成人期の発達段階と発達段階間の移行について詳細な検討をしています（p.90参照）。

4.3.2　発 達 課 題

　発達課題というのは，ハヴィガースト（1953）によって提唱された考え方で，各発達段階においてなすべきことが期待されている課題のことです。ハヴィガーストは，人間の生涯を6つの段階に区分し，表4-2のように各発達段階ごとの発達課題をあげています。発達課題には，文化の影響が無視できないので，現代の日本の文化的状況にふさわしい発達課題を検討する必要があります。

　そんな観点から，榎本（2000b）は，成人3,000名（有効回収票数795）を対象とした調査において，青年期以降の各発達段階ごとの発達課題を検討しています。そこでは，青年期以降を青年期（10代〜20代），成人前期（30代〜40代），成人後期（50代〜65歳未満），老年期（65歳以上）の4つの発達段

	1	2	3	4	5	6	7	8
老年期 VIII								統　合 対 絶望，嫌悪 **英知**
成人期 VII							生殖性 対 停　滞 **世話**	
前成人期 VI						親　密 対 孤　立 **愛**		
青年期 V					同一性 対 同一性混乱 **忠誠**			
学童期 IV				勤勉性 対 劣等感 **適格**				
遊戯期 III			自主性 対 罪悪感 **目的**					
幼児期 初期 II		自律性 対 恥，疑惑 **意志**						
乳児期 I	基本的信頼 対 基本的不信 **希望**							

図4-5　**発達漸成図式──心理・社会的危機**（エリクソン，1982）

階に区分しています。発達課題としては，知的能力や学歴，情緒的・性格的な
問題，主義や信念，容姿・容貌，健康・体力，運動神経，性的な問題，人から
の評価や評判，職業や社会的地位，衣服や装身具，住居，財産・収入，親子の
関わり，配偶者との関わり，親族との関わり，故郷との関わり，地域・近隣と
の関わり，社会・政治との関わりの 18 領域の課題を設定しました。そして，
自分自身の生涯を 4 つの発達段階に区分したとき，それぞれの段階においてこ
れらの課題が自分にとってどの程度重要であったか（その年代にまだ達してい
ない場合は，重要になると思うか）を評定させました。

　その結果を見ると（図 4-6），男性に関しては，成人前期の最重要課題とし
て健康・体力，配偶者との関わり，親子の関わり，主義や信念の 4 つ，成人後
期の最重要課題として配偶者との関わり，健康・体力，親子の関わり，財産・
収入の 4 つをあげることができます。女性では，成人前期・後期とも共通に，
最重要課題として配偶者との関わり，健康・体力，親子の関わり，財産・収入
の 4 つをあげることができます。ここから，配偶者との関わり，健康・体力，
親子の関わりといった課題が，性別を越えて成人期を通してもっとも重要な課
題となっていることがわかります。

加齢と発達の移行期

4.4.1　加齢と知的な発達

　従来，発達というと，子どもが大人になっていく過程をさすという見方がと
られていたと思われます。ところが，発達心理学の関心が児童や青年だけでな
く成人，中でも高齢者にまで広がるにつれて，生涯発達ということがいわれる
ようになってきました。そこでは，人間は生涯にわたって発達していく存在と
してとらえられています。

　一般に，知能の発達は青年期をピークとし，それ以降は伸びることはなく，
衰退の一途をたどるとみなされてきました。とくに，中高年期になると知的能
力は衰えを示すという通念は，何の抵抗もなく広く受け入れられてきました。
それは，加齢が明らかな身体的衰えを生むことからの連想によるところが少な

表 4-2　**ハヴィガーストによる発達課題**（ハヴィガースト，1953 より作成）

幼児期	●歩行の学習。 ●固形の食物をとることの学習。 ●話すことの学習。 ●排泄の仕方を学ぶこと。 ●性の相違を知り性に対する慎みを学ぶこと。 ●生理的安定を得ること。	●社会や事物についての単純な概念を形成すること。 ●両親や兄弟姉妹や他人と情緒的に結びつくこと。 ●善悪を区別することの学習と良心を発達させること。
児童期	●普通の遊戯に必要な身体的技能の学習。 ●成長する生活体としての自己に対する健全な態度を養うこと。 ●友達と仲良くすること。 ●男子として，また女子としての社会的役割を学ぶこと。	●日常生活に必要な概念を発達させること。 ●良心・道徳性・価値判断の尺度を発達させること。 ●人格の独立性を達成すること。 ●社会の諸機関や諸集団に対する社会的態度を発達させること。
青年期	●同年齢の男女との洗練された新しい交際を学ぶこと。 ●男性として，また女性としての社会的役割を学ぶこと。 ●自分の身体の構造を理解し，身体を有効に使うこと。 ●両親や他の大人から情緒的に独立すること。 ●職業を選択し準備すること。	●経済的な自立について自信をもつこと。 ●結婚と家庭生活の準備をすること。 ●市民として必要な知識と態度を発達させること。 ●社会的に責任のある行動を求め，そしてそれをなしとげること。 ●行動の指針としての価値や倫理の体系を学ぶこと。
壮年初期	●配偶者を選ぶこと。 ●配偶者との生活を学ぶこと。 ●第一子を家族に加えること。 ●子どもを育てること。	●家族を管理すること。 ●職業に就くこと。 ●市民的責任を負うこと。 ●適した社会集団を見つけること。
中年期	●大人としての市民的・社会的責任を達成すること。 ●一定の経済的生活水準を築き，それを維持すること。 ●10代の子ども達が信頼できる幸福な大人になれるよう助けること。	●自分と配偶者が人間として結びつくこと。 ●中年期の生理的変化を受け入れ，それに適応すること。 ●年老いた両親に適応すること。 ●大人の余暇活動を充実すること。
老年期	●肉体的な力と健康の衰退に適応すること。 ●隠退と収入の減少に適応すること。 ●自分の年ごろの人々と明るい親密な関係を結ぶこと。	●配偶者の死に適応すること。 ●社会的・市民的義務を引き受けること。 ●肉体的な生活を満足におくれるように準備すること。

くないと思われます。

　ところが，図4-7は，知能の生涯にわたる発達を表したものですが，これを見ると，成人期になってからの知的な発達も捨てたものではないことがわかります。もっとも，そうでなければ，実社会での年輩者たちの活躍を説明することができません。レーマンは，年齢と業績の関係を調べていますが，それによれば物理学者や数学者などの業績のピークは35歳頃であり，それ以降は緩やかに低下します。音楽家や画家は30代後半から40代にかけて最高の業績をあげますが，個人差が大きく，ピカソやミケランジェロのように老年期に第2のピークを迎える者もいます。作家では作品数のピークは35〜45歳頃ですが，その間ベストセラーを出す年齢は45歳頃が一番多くなっています（下仲，1990）。ホーンとドナルドソンによれば，意味のあるつながりがない単語リストの単純な暗記課題に関しては，30歳ですでに成績が下がり始めます。それに対して，文書や人の話といった言語情報の理解や語彙の理解のような課題に関しては，少なくとも測定がなされた60歳まで成績が伸び続けることがわかっています（田島，1990）。実社会で有能に働くには，計算の速さや暗記力よりも，人生経験や仕事経験によって生み出される知恵を働かせることが必要です。そこにある種の知能を想定すれば，それは人生経験の積み重ねによってどこまでも豊かに向上し続けていくと考えられます。

　図4-7では知能は，流動性知能と結晶性知能に分けてとらえられています。そして，流動性知能は青年期をピークに衰退していきますが，結晶性知能は成人期になっても，さらには老年期になってからも向上し続けるのです。流動性知能とは，記憶力や計算力など，頭の回転の速さを表す知能の側面をさします。結晶性知能とは，言語理解や経験的判断など，スピードよりも作業の質に関係する知能の側面をさします。

　私たちは，日々の経験をもとにして，環境からの要請にふさわしい能力や性質を発達させていきます。したがって，生涯発達を考える際には，各年齢段階で求められる能力や性質を明らかにしていくことが必要でしょう。

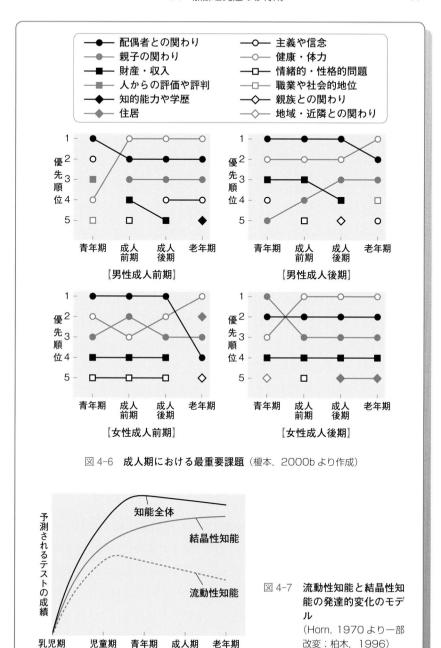

図 4-6 **成人期における最重要課題**（榎本，2000b より作成）

図 4-7 **流動性知能と結晶性知能の発達的変化のモデル**
（Horn, 1970 より一部改変；柏木，1996）

4.4.2　加齢と性格（パーソナリティ）の発達

　性格には発達的変化を示す側面と安定的で変化しにくい側面があります。榎本（2004）は，性格の発達を3つの層に分けてとらえるモデルを提起しています（図4-8）。図のAの部分は，遺伝的素質に基づくとされる気質と可塑性の高い幼少期の経験によってつくられる性格の基底部分を意味します。図のBの部分は，加齢とともに生じる生物学的変化に伴って表面化する性格の側面や，各年代の社会的立場と結びついた経験や社会的期待によってつくられる性格の社会性を帯びた側面を意味します。さらに，図のCの部分は，偶発的な経験の影響を受けた性格の側面ですが，これが性格の発達的変化に思いがけない影響を与えることになります。これら3つの相互作用によって，その時々の個人の性格的特徴が形成されると考えられます。

　図のBに影響する年齢に関連した要因には，青年期の性的成熟，中年期以降の体力の衰えなどの生物学的要因と，各年齢段階に課せられる生活課題，周囲の人々による期待や一般的な社会的期待として突きつけられる発達課題などの社会・文化的要因があります。図のCに影響する要因には，学業上の成功や失敗，転職，勤務先の倒産，恋愛や失恋，出会い，病気や事故などの個人的要因と，不況，技術革新によるライフスタイルの変化などの社会的要因があります（図4-9）。

4.4.3　過渡期の発達課題

　レビンソンは，過渡期という時期を各発達段階の間に設定しています（図4-10）。

　レビンソンは，「成人への過渡期」は，17歳頃に始まり22歳頃に終わるとし，この過渡期の発達課題を2つあげています。第1の課題は，成人する以前の世界から離れ始めることです。つまり，成人する以前に過ごしてきた世界やそこにおいて自分が置かれていた位置に疑問を抱き，その頃の自分にとって重要な人物，集団，制度などとの関係を修正するか終わりにさせ，それまでの自己のあり方を見直し修正することです。第2の課題は，大人の世界への第一歩を踏み出すことです。つまり，大人の世界の可能性を模索し，その一員としての自

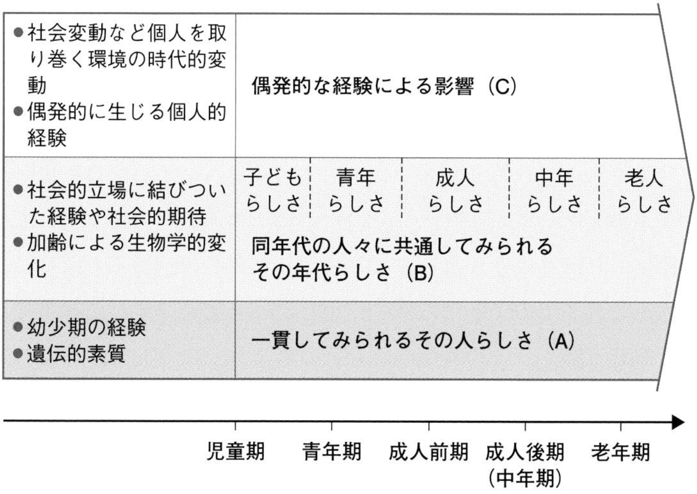

●社会変動など個人を取り巻く環境の時代的変動 ●偶発的に生じる個人的経験	偶発的な経験による影響（C）				
●社会的立場に結びついた経験や社会的期待 ●加齢による生物学的変化	子どもらしさ	青年らしさ	成人らしさ	中年らしさ	老人らしさ
	同年代の人々に共通してみられる その年代らしさ（B）				
●幼少期の経験 ●遺伝的素質	一貫してみられるその人らしさ（A）				

児童期　　青年期　　成人前期　成人後期　老年期
　　　　　　　　　　　　　　　（中年期）

図 4-8　パーソナリティ発達の3つの層（榎本，2004）

年齢に関連した要因
（多くの人が人生上の一定の時期に共通して経験しがちなもの）

├生物学的要因
　青年期における性的成熟，中年期以降の体力の衰え，成人病の罹患，更年期障害　など

├社会・文化的要因
　各年齢段階に課せられる生活課題，周囲の人々による期待や一般的な社会的期待といった形で突きつけられる発達課題　など

偶発的要因

├個人的要因
　学業上の成功や失敗，受験の成功や失敗，転職，勤務先の倒産，恋愛，失恋，離婚，影響力のある人物との出会い，病気，家族・親友・恋人など身近な人物の病気や死，交通事故や地震・火事などの災害，犯罪事件など

├社会的要因
　戦争，不況，ライフスタイルの変化　など

図 4-9　パーソナリティの発達的変化をもたらす要因（榎本，2004）

分を想像し，成人として最初のアイデンティティをとりあえずは確立し，成人
の生活のための暫定的選択をして，それを試してみることです。

　「人生半ばの過渡期」（成人前期から中年期への移行期）は，レビンソンによ
れば，ほぼ40歳から45歳にかけての時期です。この時期になると，それまで
の生活構造に再び疑問を抱くようになります。「これまでの人生で何をしてき
たのか？　妻や子どもたち，友人，仕事，地域社会——そして自分自身から何
を得て，何を与えているのか？　自分のために，他人のために本当に欲してい
るのは何か？」と問うことが大切になります。自分の生活のあらゆる面に疑問
を抱き，もうこれまでのようにはやっていけないと感じます。このような問い
直しや模索を行うのが，この時期の課題となります。こうして，新しい道を切
り拓いたり，これまでの道を修正したりするのに数年を要します。このように
レビンソンはいいます。当然，人によって人生で遭遇する出来事の種類や順序
はさまざまに異なるものであって，過渡期が訪れる時期やその幅にはかなりの
個人差があるはずです。しかし，不思議なことに，多くの人がこの年代に中年
期の危機を経験するのも事実のようです。その背景には，人々を取り巻く社会
的状況には，その人の年代によって特徴づけられる部分が少なくないといった
事情があるものと考えられます。

4.4.4　人生の転機

　人生を振り返ってみると，その後の人生を大きく方向づけることになった出
来事というのがあるものです。そのような人生に大きな変化が生じた時期を転
機（ターニング・ポイント）といいます。学生にとっては受験が大きな転機に
なることが多いでしょう。恋愛をはじめとする出会いや別れも転機となること
が多いと思われます。成人にとっては，結婚や子どもの誕生など家族上の問題，
就職・転勤・転職・退職など仕事上の問題，病気やケガなど健康上の問題など
が大きな転機となりがちです。転機には，もっと個人的な事情で生じるものも
あります。たとえば，家の経済状態が急に悪化して学校を辞めなければならな
いとか，交通事故で家族を亡くしたとかいうものです。

　榎本が行った人生の転機に関する高齢者を対象とした面接調査では，人生の

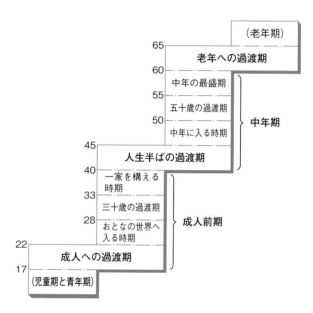

図 4-10　**成人前期と中年期の発達段階**（レビンソン，1978）

転機として，離婚したこと，長男が亡くなったこと，継母が亡くなったこと，
夫の仕事を一緒にするようになったこと，満州からの引き揚げ，くも膜下出血
したこと，仕事を辞めたこと，夫が亡くなって一人暮らしになったこと，嫁に
来たとき継子がいたことなどがあげられていました（表4-3）。

4.4.5 「過去が変わる」発達観

　発達というと，時間の経過とともに進行する変化の過程と見るのが一般的で
すが，もう一つ別の発達のとらえ方があるのではないでしょうか。私たちは，
子どもの頃の自分に戻るわけにはいきませんし，1年前の自分に戻ることもで
きません。でも，子どもの頃の自分に対するイメージや評価や感情が変化する
というのは，よくあることです。1年前の時点ではどうにも受け入れがたかっ
た経験や自分自身が，1年たった時点で改めて振り返ってみると，成長のため
の通過点となった経験，そしてその後一皮むける前の自分として，温かな思い
をもって思い出せるようになっていたりします。

　私たちは，過去の自分史を背負って生きているわけですが，その過去という
のは，紛れもなく現在の視点から振り返られた過去です。過去の自分について
語るとき，語られる出来事や経験は，それぞれが生起した時点の視点で語られ
るのではなく，語っている現時点の視点から語られるのです。つまり，語られ
るエピソードは，それぞれが経験された時点における味わいから離れて，回想
している今の時点の味わいをもって語られるのです。

　たとえば，幼児期の愛着のタイプや現在の適応状態と幼児期の想起との関係
を検討した研究があります（フェアリングとタスカ，1996）。それによれば，
幼児期に不安定愛着群に分類されていた青年が，幼児期に安定愛着群に分類さ
れていた青年と比べて，とくに自分自身の幼児期を不幸とか不安定とかみなす
ということはありませんでした。ただし，自分自身の幼児期を否定的に回想す
る青年は，肯定的に回想する青年と比べて，現在の自分自身を不適応とみなす
傾向があることが明らかになりました。このような結果は，過去が現在の心理
状態をもとにして，つまり想起する時点の色眼鏡の色によって，再評価・再構
成されることを示唆するものといえます。その意味で，私たちの過去は，いく

表 4-3　人生の転機の事例

1. 66歳 女性	小学生の頃に両親を病気で立て続けに亡くし，小学校を出てから必死に働いていたが，自らも18歳の時に結核で倒れた。これでは仕事にならないと解雇されたときに，常連のお客さんが自分を引き取って面倒を見てくれた。とてもいい人だった。「一生懸命生きていれば，それは周囲に伝わるはずと思って生きてきました。いい人との出会いは必ずあるものです」。結局，その人を伴侶として，その後の人生は，10代までの過酷な人生とは対照的な，穏やかなものとなった。
2. 64歳 男性	若い頃に父親を亡くして，いろいろと大変だったが，結婚してからは，子どももできて，生活はうまくいっていた。ところが，40歳の頃，同居していた母親を亡くしたのが自分にとっては大きかったようだ。その頃から妻ともうまくいかなくなり，結局別れた。今思えば，結婚してから，うまくいかなくなるまでの10年間が人生の中で一番良かった時期だった。「その後は，ただ惰性で生きてきただけ。自由気ままにやってきたけど，だめだった，良くないね」。

らでも変わっていく可能性があるのです。

　こうしてみると，一般に人間の発達というとき，過去から現在に至る事実と
しての流れがすでに固定されているかのように思われがちですが，じつは過去
を振り返ることによって発達の軌跡が生み出されるといった側面があることが
わかります。過去から現在に至る発達の軌跡は，回顧されるたびに書き換えら
れていくのです（榎本，1999，2000a）。そうなると，振り返る視点のあり方が
変化することで，同じ個人の発達の軌跡もさまざまに変化していく可能性があ
ることになります。

4.5　文化と発達期待

　どんな親も，わが子に対して，こんな子に育っていってほしいという期待を
抱いているものです。また，社会全体に，子どもたちにはこんな風に育って
いってほしいといった期待が浸透しているはずです。これを発達期待といいま
す。

　東たち（1981）は，母親が就学前後の子どもにどのような性質や行動を身に
つけてほしいと期待しているかに関する日米比較研究を行いました（表4-4）。
その結果，日本の母親は，従順や情緒的成熟に関して，アメリカの母親よりも
強い発達期待をもつことがわかりました。つまり，「言いつけられた仕事はす
ぐにやる」「親からいけないと言われたら，なぜなのかはわからなくても言う
ことを聞く」といった親や目上の人に対する従順さ，「やたらに泣かない」「い
つまでも怒っていないで，自分で機嫌を直す」のような情緒のコントロールな
どで，日本の母親の発達期待がアメリカの母親のそれを明らかに上回っていま
した。

　これに対して，アメリカの母親は子どもに，社会的スキルと言語的自己主張
に関して，日本の母親よりも強い発達期待をもつことがわかりました。つまり，
「友だちを説得して，自分の考え，したい事を通すことができる」「友だちと遊
ぶとき，リーダーシップがとれる」のような社会的スキル，「納得がいかない
場合は説明を求める」「自分の考えを他の人たちにちゃんと主張できる」と

表 4-4　**日米の母親の発達期待**（東たち，1981 より作成）

領域（項目）	日本	アメリカ	日米差
学校関係スキル（SR. 3 項目） ●30 ページくらいの絵の多い童話を 1 人で読みとおせる。 ●興味のあることを図鑑や辞典で調べる。	1.24	1.36	
従順（C. 5 項目） ●言いつけられた仕事はすぐにやる。 ●親からいけないと言われたら，なぜなのかはわからなくても言うことを聞く。	2.16	1.97	＊＊
礼儀（P. 3 項目） ●おとなに何か頼むとき，ていねいな言い方をする。 ●朝，家族に "おはよう" と挨拶する。	2.49	2.30	＊
情緒的成熟（E. 4 項目） ●やたらに泣かない。 ●いつまでも怒っていないで，自分で機嫌を直す。	2.49	2.08	＊＊
自立（I. 8 項目） ●おとなに手伝ってもらわずに 1 人で食事ができる。 ●1 人遊びができる。	2.02	1.86	＊＊
社会的スキル（S. 6 項目） ●友達を説得して，自分の考え，したい事を通すことができる。 ●友達と遊ぶとき，リーダーシップがとれる。	1.86	2.18	＊＊
言語による自己主張（VA. 5 項目） ●納得がいかない場合は説明を求める。 ●自分の考えを他の人たちにちゃんと主張できる。	1.73	2.17	＊＊

（注）項目は領域ごとに各 2 項目を抽出して掲載。
　　　$*p < .05$ で有意，$**p < .01$ で有意。

いった言語による自己主張において，アメリカの母親の発達期待が日本の母親のそれを明らかに上回っていました。

　養育者である母親は，子育てを通した文化の伝え手でもあって，その発達期待は，母親を包む文化のもつよい子像に強く規定されています。日本では，目上の人に従順で，感情的に安定した，穏和で素直な子がよい子とみなされます。一方，アメリカでは，自分を他人の中に押し出す積極的で自己主張の強い子がよい子とみなされます。こうした文化的規範の違いが，それぞれの文化圏の母親の子に対する発達期待の違いに反映されるのです。

　図4-11は，トービンたちが，中国・日本・アメリカの3カ国の幼稚園・保育園の先生や保護者に対して，園で子どもが学ぶもっとも大切なことは何かを尋ね，回答として1位にあげられたことがらの比率を示したものです（古澤，1996）。これを見ても，日本では，共感，同情，ほかの人への心配りが中国やアメリカと比べてとくに重視されていることがわかります。

　子どもたちは，このような発達期待の圧力を受けて育つ中で，その文化圏にふさわしい性質を自然に身につけていきます。日本人の目に，アメリカ人がしっかり自分をもっており，やたら自信たっぷりに見えるのも，発達期待の違いからすれば当然のことといえます。日本では，自信の代わりに従順さや思いやりが重視され，自分を自信たっぷりに押し出すのでなく，相手の意向を汲み取って協調していく方向をとるため，アメリカ人の目にはいかにも自分がなく自信がないというように映るのです。

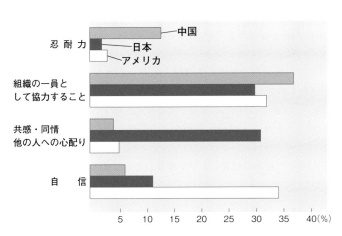

図 4-11　**幼稚園・保育園で子どもが学ぶこと**
(Tobin et al., 1989；古澤，1996)

●参 考 図 書

柏木 惠子・古澤 賴雄・宮下 孝広（1996）．発達心理学への招待——こころの世界
　　を開く30の扉——　ミネルヴァ書房
　発達心理学をはじめて学ぶ人のためにやさしく解き明かした入門書です。

井上 健治（1979）．子どもの発達と環境　東京大学出版会
　知能の遺伝・環境論争について，環境論者の立場から，わかりやすく解説されて
います。

プロミン，R.　安藤 寿康・大木 秀一（訳）（1994）．遺伝と環境——人間行動遺伝
　　学入門——　培風館
　行動遺伝学の方法を解説するとともに，知能，性格，精神病理などに対して遺伝
がどのような役割を果たしているのかをデータを駆使して解説しています。

藤永 保（2001）．ことばはどこで育つか　大修館書店
　ことばの獲得や発達の問題について，希有な事例を丹念に検討するという事例研
究の手法を用いて，初期発達の遅れも環境とのやりとりしだいで取り戻せるとする
立場から解説したものです。

榎本 博明（編）（2008）．自己心理学2　生涯発達心理学へのアプローチ　金子書房
　発達期待，アタッチメント，遺伝要因などの発達をとらえる枠組み，時間的展望，
動機づけなどの発達の諸側面，乳幼児期から老年期に至る発達の諸相の3つの構造
から生涯発達心理学の最新の研究テーマを解説しています。

岡本 祐子（2007）．アイデンティティ生涯発達論の展開　ミネルヴァ書房
　人生の転換期として重要な意味をもつ中年期の危機について，アイデンティティ
の揺らぎとその再確立という視点から解説しています。

開 一夫・齋藤 慈子（編）（2018）．ベーシック発達心理学　東京大学出版会
　とくに乳幼児期の発達の諸側面について詳しく解説し，児童期以降の発達も含め
て子どもの発達を理解するのに有用な基礎知識を示しています。

青　　年

　青年期とは，児童期と成人期の間に置かれた時期であり，子どもが大人になるための準備の期間といえます。

　青年期は，人生における内向の時代といわれます。自己意識の発達とともに，見る自分と見られる自分の分裂が鮮明化し，見る自分による見られる自分のつくり直しが活発に行われるようになります。誕生以来，幼児期や児童期を通して両親や先生を中心とする大人からの社会化の圧力のもとでつくられてきた自分を改めて見つめ，自分なりの価値基準から評価し直して，よりなりたい自分へと主体的な自己形成をしていくことになります。そうした青年期の心理を覗いてみましょう。

5.1 青年期とは

5.1.1 青年期の区分

　一般に，青年期は，12 〜 13 歳の小学校から中学校への移行の時期に始まり，経済的に自立したり結婚により新たな家族を形成する準備状態ができあがる 22 〜 23 歳頃に終わると考えられてきました。

　ところが，性的成熟をはじめとする青少年の身体的発育が早まる発達加速現象により，青年期に入るのが 1 〜 2 年早まっているとみなすべきだとする見方が強まっています。

　一方，高学歴化や価値観の多様化・物質的豊かさ・社会変動の加速化などにより，経済的な自立の遅れが著しく，青年期の終わりは大幅に遅くなっているとみなさざるをえません。20 代後半になっても，定職について社会的に安定した立場につくことを考えることなく，フリーターとしてブラブラしている人も少なくありません。パラサイト・シングルなどという言葉も生まれ，経済力を得ても親に寄生して自立しようとしない 20 代〜 30 代の若者が目立つ世の中になってきましたが，30 歳になっても青年期を脱しようとしない人は確実に増えています。こうしてみると，とくにその終わりとしての成人期への移行の遅れという形での青年期の延長は着実に進行しているといってよいでしょう（図 5-1）。

5.1.2 青年期の心理的特徴

1. 自己意識の高まり

　自分を意識し，他人を意識する気持ちが強まるのが青年期の特徴といわれます。他人を意識するということには，**自己意識**の 2 つの側面が含まれます（図 5-2）。一つは，自分はどうあるべきか，どうすべきか，自分はこれでよいのかなど，自分自身を評価し方向づけるための基準として他人はどうしているかを意識するという側面です。もう一つは，他人の目に映る自分の姿が気になるため，自分はどう見られているのだろうと他人の視線を気にするという側面です。結局，他人を意識する気持ちの背後には，自分自身を意識する気持ちがあ

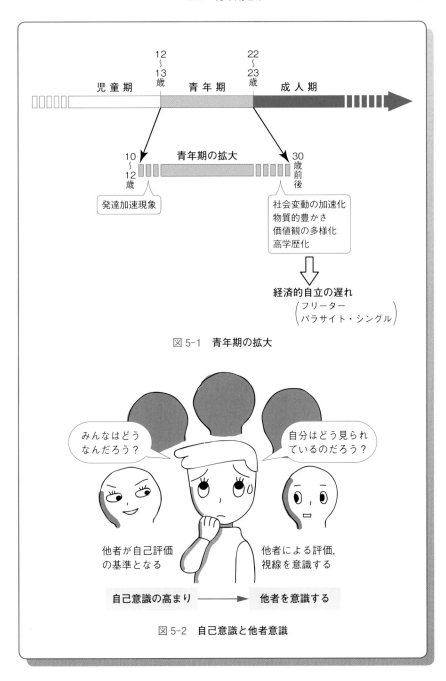

図 5-1 青年期の拡大

図 5-2 自己意識と他者意識

るのです。したがって，自他を強く意識するようになるというのは，自己意識の高まりの現れということができます。

2. 劣等感と理想の追求

　青年期は，劣等感に悩まされやすい時期といわれます。親元からの自立という課題を背負いながら，まだ社会に出て一人立ちできるだけの能力や経験を身につけていない社会的に中途半端な立場にある青年としては，当然のことといってよいでしょう。

　エリクソンの発達の漸成図式でも，青年期の中心的な課題は，アイデンティティの確立とされています（5.3 参照）。アイデンティティの確立とは，自分はどんな人物であり，どのように生きるべきかを鮮明にイメージできるようになることですが，それができないうちは不安定な心理に置かれます。それは，不安定な社会的立場の反映でもあります。自分の社会的な立場がはっきりしないのに自信をもつというのは難しいことです。社会にしっかりと根を下ろしている人を見るとき，羨ましいという思いと同時に，自分はまだまだ中途半端だという劣等意識がちらつきます。

　遠藤（1981）は，小学校 5 年生，中学 1 年生，中学 3 年生を対象として，自分に対する感情や満足度を尋ねる調査を行い，年長者ほど自己嫌悪感が強く，自分に対する満足感が低いことを明らかにしています（図 5-3；図 5-4）。ここからも，青年期になると自分自身に対する評価が否定的な方向に傾きがちであることがわかります。

　ここで考えなければならないのは，主として大人からのしつけによって自己形成をしてくる児童期までと違って，青年期が自ら掲げた理想自己との比較をもとに自己形成をしていく時期だということです。理想自己を高く掲げ，またそれとの比較によって現実の自己を厳しく糾弾するようになるために，自己への評価が否定的な方向に傾くのです。理想自己と比べてまだまだ及ばない現実自己に対して感じる不満は，成長へのバネとなります。理想自己とのギャップを少しでも埋めようと努力することで，現実自己の成長がもたらされるのです（図 5-5）。いってみれば，自己嫌悪を原動力とした自己形成が行われるのが青年期なのです。

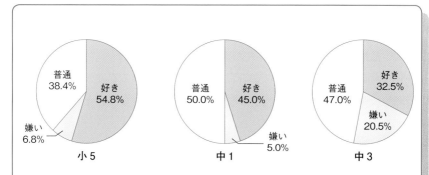

図 5-3　**自分に対する好き・嫌いの程度**（遠藤，1981 より作成）

図 5-4　**自分に対する満足・不満足の程度**（遠藤，1981 より作成）

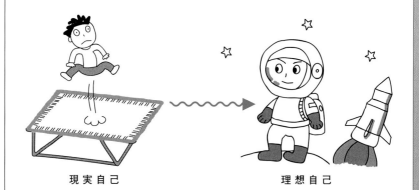

現実自己　　　　　　　　　　理想自己

図 5-5　**ギャップを埋めようとする努力が成長をもたらす**

5.2　友情と恋愛

5.2.1　孤独と連帯

　自分の内面的な世界を強烈に意識し，この世のあらゆる存在から，児童期まで心理的に一体化してきた両親からも切り離された固有な存在としての自己を発見することは，大きな孤独感と心の揺れをもたらします。自分の内面に目を向け，親の分身でない独自な人間としての生き方を模索している青年は，親をはじめとする大人によってつくられてきた過去の自己を否定して，もう大人から干渉されたくないという意識を強くもつようになります。こうして，児童期までの開放性は失われ，閉鎖的な心の構えを示し始めます。と同時に，こうした孤独な課題に取り組んでいる孤独な気持ちをだれかにわかってほしいといった意識も強まります。

　つまり，青年期になると，生まれ直すことに伴う孤独や不安を和らげてくれる存在を強く求めるようになるのです。そこで求められているのは，気晴らしとなるだけの遊び友だちではなく，自分の内面に関するどんなことでも話し合える親友です。でも，自信がなく，心の中を覗かれることに過度に敏感なため，なかなか素直に心を開けません。そこで，孤独感に苛まれ，理解者を切に求めていながらも，人を拒絶して容易に近づけないといった構えをとりがちとなるのです。

　このように青年期は，自己意識の高まりや自立への動きとともに，孤独を痛切に意識し始める時期です。ゆえに，青年期の心理を理解しようと思ったら，孤独感というものを無視して進むわけにはいきません。ただし，この孤独感というのが，なかなかとらえがたい現象なのです。榎本（1988）は，一口に孤独感といってもさまざまな性質のものがあることを指摘し，表 5-1 のような 6 種類に整理しています。

　青年期の孤独感を理解するには，このような孤独感の種類を考慮しつつ，発達心理学的な視点と社会心理学的な視点をともに取り入れることが必要です。発達心理学的な視点からすれば，たとえば親との間の無条件の親密性の崩壊による孤独感，親密な世界を共有する相手の親から友人への移行，その挫折によ

表 5-1　**孤独感の様相**（榎本，1988 より作成）

価値ある沈黙としての孤独

孤独というものを，自分自身にかえり，自己への気づきを得るための価値ある沈黙のとき，静寂のときとする見方。（この場合は，孤独感でなく孤独を問題にしているといえるが，孤独感研究の中での混同を避けるためにあえて加えておく。）

自己疎外による孤独感

日常性を脱し，自分自身に向き合うことに対して感じる漠然とした不安や恐怖をさして孤独感とする見方。（これはどちらかというと孤独感というより孤独への不安というべきかもしれない。）

個別性の自覚による孤独感

自分は他の誰とも異なる独自な存在であり，自分のことは自分で責任をもって決断していかなければならないという意識，いってみれば，人間存在の個別性の自覚に伴う感情をさして孤独感とする見方。

親密な世界の崩壊による孤独感

a. 具体的な人間関係の破綻による孤独感：誤解，裏切り，期待はずれ，失恋，転居，死別などにより，親密な人間関係を失ったときに生じる悲痛な感情を孤独感とする見方。

b. 人間世界との親密性の破綻による孤独感：他者という存在との間に親密な接点を見出すことができず，この世のすべてから引き離されているという意識に伴う絶望的な感情を孤独感とする見方。

孤立による孤独感

友達がいない，知人がいないなど孤立状態にあるときに陥る，自分は独りぼっちだという感情を孤独感とする見方。

自己縮小感による孤独感

a. 自己卑小感による孤独感：罪悪感，空虚感，無力感などにより，自分をちっぽけでみじめな存在と感じるときに生じるものを孤独感とする見方。

b. 時間的展望の縮小による孤独感：不治の病や老化などにより時間的展望の縮小を感じるときに生じるものを孤独感とする見方。

る孤独感，こうした経験の積み重ねにより獲得される個別性の自覚による孤独感，あるいは関わりの世界さえつくれないときの孤立による孤独感といった流れに沿って検討することもできるでしょう。社会心理学的な視点からは，現代的な自己疎外による孤独感や人間関係の希薄化に起因する孤立による孤独感を検討することもできます（コラム 5-1）。

　バーントたち（1985, 1986）は，1 年生，4 年生，8 年生を対象として，まず秋に親しい友だちをあげさせ，翌年の春に同じように親しい友だちをあげさせるという調査を行っています。その結果，秋から春にかけての友情の安定性は，1 年生よりも 4 年生のほうが高くなっていましたが，8 年生のほうが 4 年生より高いということはありませんでした。さらに，1 年生も 4 年生もその期間中に失った友だちより新たに得た友だちのほうが多かったのに対して，8 年生では新たに得た友だちよりも失った友だちのほうが多いことがわかりました。このような結果から，児童期の後半にかけて友情は徐々に安定性を増していき，さらに青年期にかけて友だちは精選されていき，より少ない人数に絞られていくということがわかります。

　青年期の友情の深化にとって大切なのは，親密性と相互性と考えられます（キンメルとワイナー，1995）。フィッシャー（1981）は，高校生と大学生を対象として，家族以外のもっとも親しい人物との関係について叙述させるという調査を行っています。回答は，友好的（活動の共有に焦点がある），親密（情愛，愛着，はっきりと気持ちや意見を伝えられる），統合的（友好的でもあり，親密でもある），深い関わりがない（とくに友好的でも親密でもない）の 4 つのどれを強調するかによってコード化されました。その結果，大学生は高校生よりももっとも親しい人物との関係を親密な関係あるいは統合的な関係と報告する傾向が明らかに強く見られました。それとは対照的に，高校生では深い関わりのない関係あるいは友好的な関係を報告する者が多く見られました。

　このように，友情は青年期を通して深まっていきますが，それと並行して広範囲にわたる友だちのネットワークを維持することへの関心が薄れていきます。とくに，青年後期にある者は，少数の，選び抜かれた友だちとの間の親密で相互的な関係を求めるようになります。たえず仲間と一緒にいたり，仲間から

コラム 5-1　孤独な女子大学生の日記

「『独りであること』，『未熟であること』，これが私の二十歳の原点である。」

「何をしてよいのかわからなかった。ほおをピシャリと打った。胸を拳で思いきりなぐった。ここ 2，3 日，自分のものとして，夕刊を読み，雑誌を読み，小説を読み，考えるのがよいと思ってきた。しかし，しても無駄のように思う。『絶望』というものをかい間見たような気がした。『独りである』ことは，何ときびしいことなのだろうか。」

「人は誰でも独りで生きているんだなあ
お母さんも　お父さんも
昌之も　ヒロ子ちゃんも
牧野さんも
そして私も」

「黙して笑う時は
悲しさが全てを支配しているとき
深遠の闇さが　孤独の味気なさが
光なき世界の道標
全ての虚偽を微笑んで拒絶しよう
（略）
恋人が欲しい」

「独りであることがズシリと寂しさを感じさせるのだ。ワーッと大声あげて誰かの胸にとびついていけたらどんなにいいことだろう。人生は演技なのだっけ。」

（高野悦子『二十歳の原点』より）

しょっちゅう励まされることは，かつてのようには重要でなくなるのです（キンメル，1995）。

5.2.2 性の目覚めと恋愛

青年期は，親友を強く求める時期であるとともに，異性を強く求める時期でもあります。異性を求めるといっても，人気タレントに夢中になる場合のように非現実的なあこがれのようなものから，性行動まで伴う現実的な関わりに進むものまで，そのあり方はさまざまです。また，異性を求める気持ちも，恋愛といえるほど熱烈な思いを伴うものもあれば，好奇心がまさる遊び気分の軽いものや友情に近い落ち着いたものもあります。同じ人が，情熱的な恋愛をしたり，遊び気分で異性と関わったりというように，複数のタイプの関わりを経験することもあるでしょう。

ここでは恋愛について見ていきましょう。図5-6は，スタンダールが『恋愛論』の中で論じた恋愛の発生プロセスに典型的に見られる7つの段階です。ここで強調されているのが結晶作用です。恋に陥った者は，相手のあるがままの現実を見ずに，そうあってほしいという目で見るため，ほかの人からは見えないような美点によって相手を飾り，実際の相手とは似ても似つかない理想の人物像をつくりあげる傾向があります。このような恋をした者が想像力によって意中の人を美しく飾り立てていく心の動きを，スタンダールは，結晶作用と名づけたのです。一種の錯覚である結晶作用によって，恋をした人は夢見心地のよい気分を味わうだけでなく，あの素晴らしい相手にふさわしい人間になろうと背伸びしながら自己の向上を目指すことになるという効用もあるでしょう。これは結晶化された相手にも当てはまることで，相手によって過度に美化された自分の姿に戸惑いつつも，相手を幻滅させないようにと背伸びをして自己の向上を目指すことになります。こうしてみると，恋をするということには，自己を向上させる効用があるということになります。

ルービン（1970）は，好意と愛情を区別して測定する尺度を作成しています（表5-2）。ルービンは，2つの概念を検討した結果，好きという気持ちには，相手を肯定的に評価し尊敬すること（肯定的評価）と相手が自分に似ていると

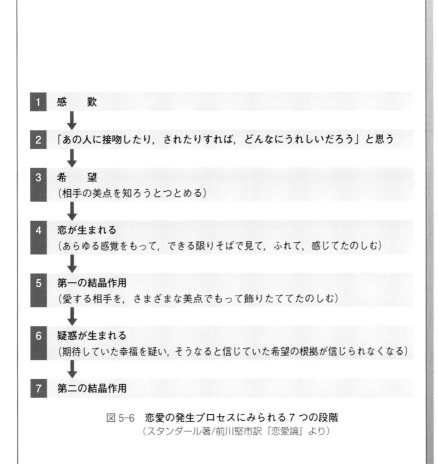

図 5-6　恋愛の発生プロセスにみられる 7 つの段階
（スタンダール著/前川堅市訳『恋愛論』より）

思うこと（類似性）の2つの要素が含まれるという結論に達しました。そこで,その測定尺度は,適応性,成熟度,判断力,知性などの次元において,相手を肯定的に評価しているかどうかを見るための項目や,相手が自分に似ていると思っているかどうかを見るための項目で構成されました。一方,愛するという気持ちには,いつも一緒にいたいとか頼りたいと思うこと（愛着）,つねに相手のことを気遣うこと（心遣い）,何でも話して理解し合いたいとか相手を独占したいとか思うこと（親密さ）の3つの要素が含まれるという結論に達しました。そこで,その測定尺度は,愛着,心遣い,親密さに関する項目で構成されました。この尺度のどちらの点数が高くなるかによって,具体的な相手に対する気持ちが好意なのか愛情なのかが判断できるというわけです。

5.2.3　嫉　　妬

　恋愛関係や夫婦関係など親密な間柄において生じがちな葛藤に嫉妬があります。嫉妬は,愛し合う者同士をさらに固い絆で結びつけもするし,逆に愛を憎しみに変えることもあります。嫉妬についての心理学的研究では,ホワイト（1981）が,認知,情動,行動という3つの側面からとらえることを提唱して以来,ほぼそれが踏襲されています。

　たとえば,プファイファーとウォン（1989）は,相手の浮気を心配したり疑ったりする認知面,嫉妬を喚起する状況への否定的感情を経験する情動面,相手が自分から離れていくのを防ごうとする行動面の3側面からとらえる多面的嫉妬尺度を開発しています。そして,情動的嫉妬は相手への愛情と正の相関関係があるのに対して,認知的嫉妬は相手への愛情と負の相関関係があることを見出しています。

　神野（2016）も,認知面,情動面,行動面の3つの側面（表5-3）からとらえる多次元恋愛関係嫉妬尺度を開発しています。そこでは大学生を対象に調査が行われ,恋人が第三者に奪われることを疑う認知的な過敏さをあらわす猜疑的認知,関係への第三者の侵入に対する否定的感情の強さをあらわす排他的感情,関係の裏に第三者の存在を警戒・詮索する警戒行動という3つの因子が抽出されています（表5-4）。そして,これら3つの因子とも,見捨てられ不安

表 5-2　**ルービンの好意と愛情の尺度**（榎本，2001b）

好意の測定尺度

1　彼（彼女）と私は，一緒にいると，たいてい同じことを感じたり考えたりしています。
2　彼（彼女）は非常に適応力のある人だと思います。
3　私は彼（彼女）を責任ある役割に強く推薦したいと思います。
4　彼（彼女）はとても成熟した人物だと思います。
5　私は彼（彼女）のすぐれた判断力に強い信頼を置いています。
6　たいていの人は，わずかな面識を持っただけで彼（彼女）に好意を感じると思います。
7　彼（彼女）と私はとてもよく似ていると思います。
8　クラスや何かのグループで選挙があれば，私は彼（彼女）に票を投じたいと思います。
9　彼（彼女）はすぐに尊敬を獲得するような人物だと思います。
10　彼（彼女）はとても知的な人物だと思います。
11　彼（彼女）は私の知っているなかでもっとも好ましい人物のひとりです。
12　彼（彼女）は私が理想とするような人物です。
13　私は彼（彼女）が賞賛されるのはとてもたやすいことだと思います。

愛情の測定尺度

1　もし彼（彼女）が落ち込んでいたりしたら，私はまっ先に彼（彼女）を励ましてあげたいと思います。
2　私はどんなことでも彼（彼女）に打ち明けることができます。
3　彼（彼女）の欠点は快く容認することができます。
4　彼（彼女）のためならどんなことでもしてあげたいと思います。
5　私は彼（彼女）を独占したいと強く思います。
6　もし彼（彼女）と一緒にいることができないとしたら，私はとても不幸になるでしょう。
7　寂しいときには，彼（彼女）に会いたいという思いがまっ先に浮かんできます。
8　私にとっての重大な関心のひとつは，彼の幸福です。
9　私はたいていのことなら彼（彼女）を許すことができます。
10　私は彼（彼女）の幸福に責任があると思います。
11　彼（彼女）と一緒にいると，彼（彼女）をただ見つめているだけで時が過ぎてしまいます。
12　彼（彼女）が何かを打ち明けてくれると，とてもうれしく思います。
13　彼（彼女）と仲違いすることなど，私にはとても考えられません。

と正の相関関係にあることを確認しています。見捨てられ不安とは，自分は見捨てられてしまうのではないかという不安のことで，これが強いほど嫉妬深くなるというわけです。見捨てられ不安は，幼い頃の養育者との間の愛着のあり方も関係していると考えられるため，それに発する嫉妬は必ずしも相手の行動に起因する現実的なものとは限りません。

　ゆえに，同じ嫉妬でも，事実に基づいた嫉妬か妄想的な嫉妬かを区別する必要があります。ブリングル（1991）は嫉妬には反応型嫉妬と疑念型嫉妬があるとし，パロット（1991）も嫉妬には事実に基づいた嫉妬と疑惑的な嫉妬があるとしています。事実に基づいた嫉妬は，そのあらわれ方にもよりますが，基本的には正当な嫉妬といえます。しかし，妄想的な嫉妬は，不必要に相手を困惑させ，自分自身も苦しむので，病的な嫉妬といってよく，せっかくの関係を破壊してしまうこともあります。

5.3　アイデンティティの探求

5.3.1　アイデンティティの探求

　アイデンティティは同一性という意味ですが，自己のアイデンティティとは，エリクソン（1959）によれば，「自我が特定の社会的現実の枠組みの中で定義されている自我へと発達しつつある確信」であり，「自我のさまざまな総合方法に与えられた自己の同一と連続が存在するという事実と，これらの総合方法が同時に他者に対して自己がもつ意味の同一と連続性を保証する働きをしているという事実の自覚」であるということです。わかりやすくいえば，自己のアイデンティティというとき，自己の一貫性・主体性・独自性といった個人的な面と，役割意識・連帯感といった社会的な面の2側面が問題となるのです。この2つの側面がバランスよく発達していくと，自分が自分らしさをもってイキイキと生きているという実感とともに，自分が属する社会の人々との間に一体感をもち，そこで何らかの役割を果たしているという実感を得ることになります。

　青年期になると，親などのしつけのもとに比較的受け身の形でつくられてき

表 5-3　**親密な関係における嫉妬の 3 要素**（神野，2016 より作成）

【認知的要素】
親密な関係への第三者の侵入を疑う病理的・妄想的過敏さ。
【情動的要素】
認知的要素より幾分正当とされる嫉妬喚起状況への感情反応。
【行動的要素】
関係への第三者の侵入や関係崩壊を防衛・警戒しようとする行動。

表 5-4　**多次元恋愛関係嫉妬尺度**（神野，2016）

「猜疑的認知」因子
【項目例】
● だれかに X さんをとられるかもしれないと考えることがある。
● X さんがだれかに夢中になっているのではないかとおもいがちである。
「排他的感情」因子
【項目例】
● X さんがだれかといちゃいちゃしていたら，不機嫌になる。
● X さんが誰かに寄り添って楽しそうにしていたら不機嫌になる。
「警戒行動」因子
【項目例】
● X さんに，だれと何をしていたのか，何を話していたのかを聞くことが多い。
● X さんがどこへ行くのか，どこにいるのかを聞くことが多い。

た自分のあり方に疑問を抱き，主体的に自己を形成しようという動きが強まり
ます。そこでは，「自分は何者か」という問いが発せられ，真剣な自己探求が
行われます。そうした自己探求の中で，自分はいったい何をしたいのか，社会
の中で自分はどんな位置を占め何をすることを求められているのか，この先自
分はどのように生きるのがよいのか，などを検討し，「自分はこういう人間で
ある」というイメージが鮮明化したとき，自己のアイデンティティが確立され
たことになります。

　自己のアイデンティティ確立への取り組み方を表すものとして，アイデン
ティティ・ステイタスがあります。これは，マーシャ（1966）が提唱したもの
で，危機の有無と傾倒の有無という2つの次元に基づいて，青年のアイデン
ティティ確立への取り組み方を位置づけたものです。危機の有無とは，価値観
にしても職業にしても，多くの可能性の中からもっとも自分にふさわしいもの
を見つめるために，悩み苦しみながら試行錯誤を繰り返す経験をしているかど
うかということです。傾倒の有無とは，選択した価値を行動の基準に据え，そ
の実現に向けて積極的に突き進んでいるかどうかということです。この2つの
観点から，次の4つのタイプを設定しています。

1. **アイデンティティ達成群**：危機を経験した末に自分なりの回答を見つけ，
その生き方に傾倒している。

2. **モラトリアム群**：危機を経験している最中で，何かに傾倒したいと一所懸
命に模索している。

3. **早期完了群**：何ら危機的なものは経験せずに，親などから受け継いだ生き
方に何の疑問もなしに傾倒している。

4. **アイデンティティ拡散群**：危機を経験しているかしていないかにかかわら
ず，何かに傾倒するということがなく，また積極的に模索するということもな
い。

　さらに，オルロフスキーたち（1973）は，職業に対する傾倒がまったくなく，
従来アイデンティティ拡散群に分類されがちでしたが，けっして消極的なわけ
ではなく，何ら既成の職業的なものに傾倒しないという生き方に傾倒している
一群の者を疎外的達成群と名づけ，第5のタイプとしています。

表 5-5　**大学生のアイデンティティ・ステイタス**（榎本，1991）

学　　　　年	1	2	3	4	計(%)
アイデンティティ達成	11.1	22.6	24.0	50.0	20.9
モラトリアム	20.4	25.8	15.0	16.7	18.3
早 期 完 了	11.1	3.2	14.0	0.0	11.0
アイデンティティ拡散	51.9	45.2	43.0	33.3	45.5
疎外的達成	5.6	3.2	4.0	0.0	4.2

　青年期は，アイデンティティ探求の時期であり，モラトリアム群が多いといわれた時代もありましたが，現代ではアイデンティティ拡散群が圧倒的に多いようです。榎本（1991）は，大学生を対象とした調査により，アイデンティティ達成群やモラトリアム群がそれぞれ20％程度なのに対して，アイデンティティ拡散群は46％と圧倒的に多いことを見出しています。ただし，学年の上昇とともに，アイデンティティ達成群の比率が増し，アイデンティティ拡散群の比率は減少していきます（表5-5）。

　社会的階層が固定化し，伝統的な価値観が支配的な静的な社会なら，大人になるために目指すべき道はほぼ決まっています。しかし，現在のように個人の自由が大幅に認められ，また変動の激しい社会にあっては，たとえば職業一つ決めるにしても，選択の自由がある上に選択肢も多く，この先世の中がどのように変わっていくかの予測もつかず，新しい職業も次々に登場してくるので，決断するのが困難となります。

　そこで，大学に入りはしたが何を専攻したらよいのかわからない，何の勉強をしたいのかがわからない，したいことがまだ別にあるような気がする，就職試験の時期になっても就職したい業種さえ絞れない，4年の秋になっても卒論のテーマが決まらない，ということになります。自分が何をしたいのかさえわからないと同時に，今の自分はまだ本当の自分でないような気がするのです。結局，適当なところで自己定義することができず，多くの可能性を残したまま自己誇大感から抜け出せないのです（コラム5-2）。

5.3.2　モラトリアムの時代

　エリクソンによれば，心理・社会的モラトリアムとは，青年が社会的な責任や義務を免除された形でさまざまな役割実験を試み，大人になって社会の中に自分の居場所を見つけるための準備期間を与えられることをさします。

　青年期のモラトリアム心理をいつまでも捨てきれずに引きずって生きる者は，何も最近になって突然現れたというわけではありません。俗にまみれることを嫌い，何ら生産的なこともせずに，趣味や学問の世界を彷徨している漱石の描く高等遊民などは，まさにモラトリアムを生き続けるタイプといってよいで

コラム5-2　アイデンティティ拡散の事例

「受験まではっきりとした目標があって，今思えば充実していたんだなって思います。目標に向かって生活が秩序づけられていました。でも，大学に入ってからは，部活をしたり友だちと飲み歩いたりする怠惰な日々が続くばかりで……目標喪失状態っていうのかな，何にもする気がしないし，何をすべきかもわからない，充実とはまったく無縁の生活の中で，倦怠感がものすごくって，身体までがだるくってしようがないっていう感じで……」

「何も考えないで，ただ反射的に生きている瞬間のほうが多いんですけど，時々ひとりになって自分と向き合うとき，こんな方向性の見えない生活がいつまで続くんだろうって，ふと不安になるんです。……みんなでいるときの様子を見ている人がいるとすれば，楽しそうに遊び暮らしている軽めの大学生に見えると思うんですけど，ひとりになるとものすごく重たい瞬間に襲われることがあるんです。……これではいけない，なんとか生活を立て直さないと，なんてちょっと真剣に思ったりもするんですけど，どうしても流されてしまう」

「授業に出ていても，何のためにやっているのかわからない。自分が前進している気がしないんです。このまま惰性でなんとなく学校に通っていても意味がない。いっそのこと，思い切って退学して働いたほうが充実するようにも思うんですけど，なかなか思い切れなくて」

（榎本博明『〈ほんとうの自分〉のつくり方』講談社）

しょう（コラム5-3）。ただし，当時はよほどの資産家の家庭の子弟でないと許されなかったそのような生き方が，中産階級の青年たちにもある程度可能となったところに今日的な状況の特徴があります。

　モラトリアム的な生き方といっても，いろいろなタイプがあります。この世の中に自分のすべてを賭けられるほどの価値のあるものはないとシラケている者，自分にとって真に最適の道を選ばなければとこだわるあまり決断できずにいる者，何ら主体性をもたずにその日暮らし的に享楽的な生活を続ける者，今の自分は仮の姿だとしていつか自分が輝いてくる日を夢見てさえない日々を耐え忍んでいる者，一度決めたらこの道一筋などというつもりはないけれどもひとまず何かに打ち込んでみようという者など，さまざまなモラトリアム的生き方があります。ここにはアイデンティティ拡散の病理として考察できるものも含まれますが，最後のタイプなどは積極的なモラトリアム心理として肯定的にとらえることもできるのではないでしょうか。

　リフトン（1967）は，最終的な自己定義は先延ばしにし，モラトリアムを維持しながらも，限りなく自己実現を求め続ける人間像こそ新たな時代の適者かもしれないと指摘しています。そして，そのような人間像に対して，自分の姿を恐ろしい蛇，ライオン，竜，火，洪水などありとあらゆるものに変幻自在に変えることはできるけれども，自分自身の真の姿を現すことのできないギリシャ神話の海神プロテウスの名を与えています。

　つまり，プロテウス的人間とは，環境の変化に応じて自分自身を変身させ，その都度自己の可能性を発揮しながら自己を発展させていくタイプをさします。このように一見バックボーンの欠けたかのように見える者は，変動の少ない伝統的価値観に支配された社会では，一貫性のない，信頼できない人物，根気のない人物，何を考えているのかわからない人物などと否定的評価を与えられたかもしれません。しかし，変動の激しい社会を生きるには，今の自分をあくまでも暫定的なものとみなし，次々に新しい思想や仕事に同一化し変身を遂げていき，それぞれの時点ではその役割に没頭し能力開発に励むけれども，たとえうまく能力を発揮できたとしてもそこに自分のアイデンティティを限定したりせず，別の可能性にも自己を開いておくという，まさにプロテウス的な生き方

コラム5-3 モラトリアム的生き方の原型
——『それから』の主人公代助の生き方

（30歳にもなって，親のすねをかじる独り身で，働きもせずに，一日中本を読んだり，音楽を聞きに行ったりして，気楽に暮らしている代助に向かって，父親が言う。）

「そう人間は自分だけを考えるべきではない。世の中もある。国家もある。少しは人のために何かしなくては心持ちの悪いものだ。お前だって，そう，ぶらぶらしていて心持ちのよいはずはなかろう。……（中略）……最高の教育を受けたものが，けっして遊んでいて面白い理由がない。学んだものは，実地に応用してはじめて趣味が出るものだからな。」

「それは実業が厭なら厭でいい。なにも金を儲けるだけが日本のためになるとも限るまいから。金はとらんでもかまわない。……（中略）……金は今まで通りおれが補助してやる。おれも，もういつ死ぬかわからないし，死にゃ金を持っていくわけにもいかないし。月々お前の暮らしぐらいどうでもしてやる。だから奮発して何かするがいい。国民の義務としてするがいい。もう30だろう。」

「30になって遊民として，のらくらしているのは，いかにも不体裁だな。」

（このように言われても，代助は，まったく動じることはない。適当に同調する返事をしながら，はぐらかしてしまう。）

代助はけっしてのらくらしているとは思わない。ただ職業のために汚されない内容の多い時間を有する，上等人種と自分を考えているだけである。親父がこんな事を言うたびに，じつは気の毒になる。親父の幼稚な頭脳には，かく有意義に月日を利用しつつある結果が，自己の思想情操の上に，結晶して吹き出しているのが，まったく映らないのである。

＊（ ）の中は，筆者による注。かなづかいは筆者が現代かなづかいに改めた。

（夏目漱石『それから』より）

が求められるのかもしれません。

5.4　青年期の時間的展望

5.4.1　時間的展望

　私たちは，過去を想起し，未来を予想しつつ，現在を生きています。自分の過去をどのように評価し，どのような気持ちで思い出すか，また自分の未来をどのように予想し，どのような気持ちで思い浮かべるかは，今ここでのあり方に強く影響するはずです。つまり，私たちは，時間軸上を過去および未来に拡張された存在として，現在を生きているのです。とくに，進学や就職，結婚といった将来の人生を大きく方向づける出来事が多く詰まっている青年期には，肯定的な未来展望が描けるかどうかが大きな意味をもつのではないでしょうか。

　時間的展望とは，レヴィン（1951）によれば，ある一定の時点における個人の心理学的過去および未来についての見解の総体をさします。白井（1986）は，青年期における未来に対する時間的態度の年齢変化を検討しています。それによれば，図5-7のように，将来の明るさや明瞭さが年齢とともに減少していました。これは，自己のアイデンティティを確立しにくい時代的状況としてふれたように，将来展望をもちにくい現代の青年が置かれている状況を端的に表しているといえるでしょう。

5.4.2　過去および未来への態度

　榎本・横井（2000）は，大学生を対象として，自分の過去への態度に関する調査を行っています。それにより，青年においては，自分の過去を想起する傾向は強く（よく思い出す：68％，想起するのが好き：62％），過去へのとらわれもけっこうあり（思い出しては後悔することがある：67％，消してしまいたい過去がある：67％，過去に戻りたい：57％），過去のイメージは肯定的（暖かいイメージ：73％，穏やかなイメージ：71％，好き：69％，満足：63％，明るい思い出が多い：63％）なものとなっていることがわかりました（図5-8；図5-9；図5-10）。

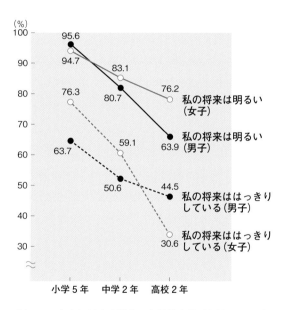

図 5-7　**未来に対する態度の年齢的変化**（白井，1986）

　また，多くの項目で統計的に有意な男女差が見られ，男子より女子のほうが
自分の過去をよく想起し，想起される内容は肯定的なものであり，思い出を大
切にし，過去にこだわり，過去にとらわれ，過去を想起することが好きだが，
想起する自分を否定的に感じるといった傾向が強く見られました。ここから，
女子のほうが過去との関わりが密だといってよいでしょう。

　さらに，現在悩みがある人とない人とで過去に対する態度を比較した結果，
過去へのとらわれに関する4項目（過去を思い出しては後悔する，過去に戻り
たい，過去にとらわれている，過去にこだわる）と過去イメージの1項目（過
去が好き）で，統計的に有意な差が見られました。つまり，現在悩みごとがあ
る人のほうがない人よりも，過去に対するとらわれが強く，また過去を好きで
ないといった傾向があることがわかりました。この結果は，自分の過去を受容
できないことと現在悩みごとがあることとの間に何らかの関係があることを示
唆するものといえます。

　榎本（2000）は，大学生を対象に，想起する年代に関する調査を行っていま
す（図5-11）。それによれば，過去としてイメージする自分の年齢の平均は
14.1歳で，中学生の年代になりました。回答年齢を年代区分ごとにくくって，
それぞれの年代の比率を算出した結果を見ると，やはり中学時代がもっとも高
く，高校時代がそれに次ぎ，児童期，大学時代の順で続いて，幼児期がもっと
も低くなりました。これは，ルービンたちのレミニッセンス・ピークに当ては
まる結果といえます。

　また，一番懐かしいと思う年齢の平均は13.7歳で，過去としてイメージす
る年齢と同じく調査対象者の平均年齢20.0歳より約6歳以前を一番懐かしく
思っていることがわかりました。回答年齢を年代区分ごとにくくって，それぞ
れの年代の比率を算出した結果を見ると，高校時代の比率がもっとも高く，以
下中学時代，児童期，大学時代の順となり，幼児期がもっとも低くなりました。

　未来に関しても，未来と聞いてまずイメージする自分の年齢の平均は26.7
歳で，調査対象者の平均年齢20.0歳よりも約7歳先が未来としてとらえられ
ていました。回答年齢を年代区分ごとにくくって，それぞれの年代の比率を算
出した結果を見ると，20代が75.8％と圧倒的に多く，現在に比較的近い年齢が，

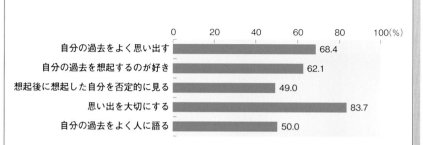

図 5-8　**過去想起傾向**（榎本・横井，2000 より作成）

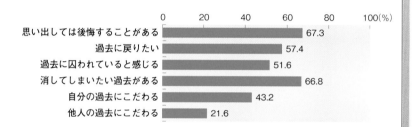

図 5-9　**過去へのとらわれ**（榎本・横井，2000 より作成）

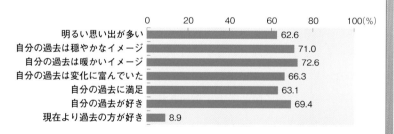

図 5-10　**過去イメージ**（榎本・横井，2000 より作成）

まず未来としてイメージされることがわかりました。

　このような結果から，20歳前後の大学生は，平均してみれば，6年前から7年後までの約13年間という狭い時間的展望の中を生きているということができそうです。

　自分の未来への態度に関しては，榎本（2001a）は，大学生を対象に未来への態度尺度を実施し（表5-6），自分の未来の明確化因子と自分の未来に対する肯定的態度因子の2つの因子を抽出しています。そして，両因子とも自己評価と関係し，自分の未来が明確であるほど，また自分の未来に対して肯定的態度をもっているほど，自己評価が高いことが示されました。これは，肯定的かつ明確に未来を思い描けることが現在の自己評価の好ましい安定に関係していることを示唆する結果といえます。

　最近の青少年に関して，自己評価が低く不安定であるとの指摘がしばしばなされますが，それは将来展望を描きにくい時代状況を反映したものともいえるでしょう。

5.5　青年期のキャリア形成

　近年のフリーターやニートの増加，学校を卒業する時期が近づいてもどんな職業に就くかで悩んでいる職業未決定や進路不決断（下村・木村，1994；安達，2001），就職の覚悟ができない就職不安・卒業恐怖（藤井，1999），就職してもすぐに辞めてしまう早期離職などの問題の深刻化により，青年期のキャリア形成のサポートが急務とされています（榎本，2010；三木，2005；白井，2003；柳井，2001）。

　フリーターの心理面に関してよく指摘されるのが，自由を確保しつつ決定を先延ばしするモラトリアム心理（5.3.2参照）と「やりたいこと志向」です。とくに「やりたいこと志向」には注意が必要です。やりたいことがあるという者にしても，勉強したり経験を積むといった動きを取っているかどうかが問題といえます。動きがなければ，その「やりたいこと志向」は，根気や勤勉さがなく安易に過ごしていることの言い訳とみなさざるをえません。やりたいこと，

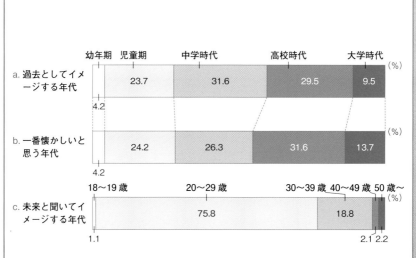

図 5-11　過去および未来としてイメージする年代
（榎本，2000 より作成）

表 5-6　**未来への態度尺度**（榎本，2001a）

項 目 内 容
●思い描く未来は明るい内容が多い。
●こうなりたいと思う自分の未来像がはっきりと思い描ける。
●未来を思い描くことが好き。
●未来のことを空想して楽しい気分になる。
●自分の未来像を人によく語る。
●未来をよく思い描く。
●未来のことを空想して憂鬱な気分になる。
●こうはなりたくないと思う自分の未来像がはっきり描ける。

夢，自分らしい生き方などというのが単なるポーズであって，その実現に向けて何ら積極的な行動を起こしていない者も実際に少なくないようです。一方で，やりたいことが見つからないといって就活を先送りにしたり，やりたいことと違うといって職場を転々とする風潮も見られます。ここで考えなくてはならないのは，やりたいことがあれば衝動に突き動かされて動いているはずで，無理に探すようなものは本当にやりたいことではないということです（コラム5-4）。

　キャリア形成を促進すべく学校教育でも盛んにキャリア教育が行われるようになり，2011年には大学設置基準が改正され，すべての大学がキャリアガイダンスを教育課程に組み込まなければならなくなりました。そこで行われるキャリア教育の中でも，自己分析やインターンシップなどは自己を知り社会を知る上で大切だと思われますが，キャリアデザインについてはその弊害も指摘せざるをえません（榎本，2012）。キャリアデザイン教育においては，3年後，5年後，10年後の自分を見据えて，その実現のために今からどんな準備をしておかなければならないかをしっかり考え，計画的に自分のキャリアをつくっていくように促されます。しかし，10年後はもちろんのこと，3年後の自分にしても，どうなっているかなど見当がつかないものです。仮に将来像をデザインしたところで，仕事に取り組みながら新たな気づきを得るたびに修正が必要になります。時代状況も刻々と変わり，勤務先や仕事の様相も変わり，自分自身も変わっていきます。日々いろんな経験をすることで興味も変われば，できることも変わり，やりたいことも変わります。現代のような変化の激しい時代に大切なのは，将来をデザインすることよりも，目の前にある課題に没頭すること，そしてその時々の人生を十分に味わい，経験から学ぶ姿勢といえます。

コラム5-4　やりたいこと志向からの脱却が必要

「先のことばかり気にして，『今，この瞬間』に没頭できないことによって，やりきること，全力を尽くすことによる達成感や爽快感，充実感を味わうことができない。目の前の課題に全力で取り組むことによる熟達や成長のチャンスを逃す。目の前の課題に全力で取り組むことで得られるはずの成果を逃す。」

「将来像で自分を縛るのでなく，自分の変化・成長に応じて将来像を絶えず修正していくことが必要となる。」

「どんな仕事でも構わない。本気で向き合うことが大切なのだ。それによって，どんな仕事をするにも必要となる一般的な仕事力を高めることができる。」

「将来のことを案じていても，この先何が起こるかなどだれにもわからない。そんな不透明なものに惑わされて浮き足立っていては，今に集中できない。人生というのは，『今』『今』『今』の連続だ。その連続の中で，未来がいつの間にか『今』として実現する。

　したがって，大事なのは将来のキャリアデザインをすることよりも，『今，目の前にある仕事に没頭すること』だ。それが納得のいくキャリアを実現する一番の近道といえる。」

「『好きなこと』や『やりたいこと』というのは，わざわざ努力して探すようなものではない。今何も思い浮かばないようなら，とくに『好きなこと』も『やりたいこと』もないのだ。」

「何でもいいから『やれそうな仕事』をピックアップしてみることだ。……（中略）……あとは出たとこ勝負で片っ端からチャレンジしてみる。どこかに引っ掛かったら，それが運命だと思って，その仕事に邁進する。」

「『好きなことを仕事にしなければ』などと思うから，迷うばかりで就職する覚悟がつかなかったり，今の仕事に満足できず一生懸命になれないということが生じてくる。自分にできそうな仕事をやってみようという姿勢が必要だ。」

（榎本博明『「やりたい仕事」病』日本経済新聞出版社）

●参考図書

加藤 隆勝・高木 秀明（編）（1997）．青年心理学概論　誠信書房
　青年心理学の主要なテーマを幅広く展望する標準的な入門書です。
西平 直喜（1983）．青年心理学　共立出版
　現象学的方法を用いて，青年の心理をありのままに理解しようという立場から書かれた概説書です。
笠原 嘉（1979）．青年期──精神病理学──　中央公論社（中公新書）
　青年期の精神病理を材料に，青年期の心の問題をやさしく解説したもので，青年期の延長や境界不鮮明といった，今にも通じる現代の社会状況にもふれています。
榎本 博明（2012）．「やりたい仕事」病　日本経済新聞出版社（日経プレミアシリーズ）
　「やりたいこと志向」が就職を困難にし，また仕事を楽しめなくしているといった視点から，キャリアデザイン教育の弊害を指摘し，カオス理論など最新のキャリア心理学の動向を紹介しつつ，先が見えない時代の働き方を論じたものです。
コールマン，J.・ヘンドリー，L.　白井 利明たち（訳）（2003）．青年期の本質　ミネルヴァ書房
　早く始まりなかなか終わらない青年期の様相に端的に現れているような，先進国に共通して見られる若者の現象に焦点を当て，最新の研究動向も反映した青年心理学のテキストです。
白井 利明・都筑 学・森 陽子（2012）．新版　やさしい青年心理学　有斐閣
　青年期の心理を理解するために必要な基礎知識から現代の青年にみられる諸問題までをわかりやすく解説した入門書です。

6

性　　格

　私たちは人との関わりの世界を生きています。日々の生活を快適に過ごすには，周囲の人たちと良好な関係を築いていくことが大切です。そこで気になるのが，人々の行動パターンです。相手の行動パターンが読めれば，どうしたらうまくつきあっていけるか見当をつけることができます。この行動パターンのことを性格といいます。この場合の行動とは，広義の行動であって，ものの見方や感じ方といった内面的な傾向も含めたものをさします。このような意味での性格がつかめれば，一見バラバラに見える個々の行動の間に一貫した流れが見えてきます。

6.1　性格をとらえる

6.1.1　性格の定義

　性格を意味する英語には，character と personality があります。character の語源は，ギリシャ語で「彫り刻む」を意味する語にあります。一方，personality の語源は，ラテン語でペルソナ，つまり「仮面」を意味する語にあります。ゆえに，character には個人を特徴づける性質のうち比較的深層部にある固定的で基礎的なもの，生得的で変わりにくいものという意味合いが強く，personality には行動に現れたもの，後天的に身につけられた表面的な性質といった意味合いが強くなります（図6-1）。

　性格心理学をはじめて体系化したオールポート（図6-2）は，性格に関するさまざまな定義を検討した結果，生物社会的定義と生物物理的定義という2種類の相対立する主要な立場があることを見出しました。前者は外見による定義で，性格とは他人の目に映ったものであるとする見方です。それに対して，後者は内的な性質による定義で，性格とは他人による評価とは関係なく存在し続ける本人の内的性質であるとする見方です。後者の立場をとるオールポートは，性格を次のように定義しています。

　　　　性格とは，ある個人に特徴的な行動と思考を決定するところの精神身
　　　　体的体系であり，その個体内における力動的機構である（オールポート，
　　　　1961）。

　ただし，性格はある程度一貫性をもつものの，けっして固定的なものではなく，変化するものと見るのが適切でしょう。そうした面も加えると，次のような定義が成り立ちます。

　　　　性格とは，個人の独自な思考・行動様式を決定づける心身統一的な体
　　　　制であり，持続性・一貫性をもつが，けっして固定的なものではなく，
　　　　たえず発展しつつあるものである（榎本，1986）。

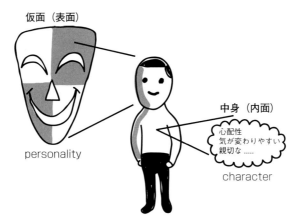

仮面（表面）

personality

中身（内面）

心配性
気が変わりやすい
親切な .....

character

図 6-1　性格の定義に関する 2 つの考え方

図 6-2　ゴードン・オールポート（1897 〜 1967）

6.1.2　性格を分類・記述する理論

　性格を分類したり記述したりする代表的な理論に類型論と特性論があります。

　類型論とは，人の性格をいくつかの質的に異なるタイプに分類し，それぞれのタイプの性格構造の違いを特徴づけるものです。類型論には，目の前の人がどの類型に属するかを知ることにより，その人の性格構造を推測し，その人の一見バラバラな個々の行動の内的連関を理解することができるという長所があります。その反面，多種多様な人間を少数の型に分類するため，切り捨てられる面も多く，典型例のもつ性質ばかりが強調されるという短所があります。

　これに対して，特性論とは，人の性格をいくつかの性格特性の集合とみなし，各特性をどのくらいずつもっているかというように性格の違いを量的にとらえようとするものです。性格を量的に記述する特性論には，統計的な処理ができるという長所があります。因子分析などを用いることによって，性格の記述は飛躍的に発展しました。ただし，各特性をどれだけもっているといったモザイク的な記述に終始し，それぞれの特性間の関連がわからず，個人全体としてのイメージが湧きにくいといった短所があります。

6.1.3　類型でとらえる

1.　クレッチマーの類型論

　クレッチマーは，体格と気質（性格の基礎的な部分）との間に関連があることに気づき，3つの体格型と3つの気質型を結びつけた類型論を提唱しました。

　3つの体格型とは，やせてひょろ長い細長型，ずんぐりした肥満型，がっしりした闘士型の3つです（図6-3）。3つの気質型とは，内的世界に生きていて現実との接触が乏しい分裂気質，現実をあるがままに受け入れる循環気質，頑固でねばり強いが堅くて融通が利かない粘着気質の3つです（表6-1）。

　そして，細長型には分裂気質が多く，肥満型には循環気質が多く，闘士型には粘着気質が多いことを示しました。

2.　ユングの類型論

　ユングは，人間には根本的に相反する2つの態度があると考え，態度類型を打ち立てました。それは，自分自身に対する関心が強い内向型と，他人や周囲

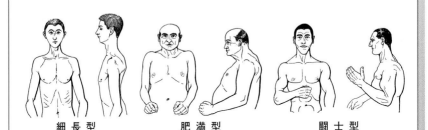

細 長 型 　　　　　　肥 満 型 　　　　　　闘 士 型

図6-3　**クレッチマーによる体格型**（クレッチメル，1955）

表6-1　**クレッチマーによる3つの気質**（クレッチメル，1955より）

1. 分裂気質……内的世界に生きて現実とあまり接触しない。	
基本的特徴　　：非社交的，もの静か，内気，きまじめ，変わり者。	
過敏性の特徴：引っ込み思案，臆病，繊細，傷つきやすい，神経質，興奮しやすい，自然や書物に親しむ。	
鈍麻性の特徴：従順，お人好し，おとなしい，無関心，鈍感。	
2. 循環気質……現実をあるがままに受け入れる。	
基本的特徴　　：社交的，思いやりがある，親切，気さく。	
躁状態の特徴　：陽気，ユーモアがある，活発，興奮しやすい。	
うつ状態の特徴：もの静か，落ち着いている，くよくよ考える，柔和。	
3. 粘着気質……頑固で粘り強く対人的繊細さに欠ける。	
基本的特徴：堅い，頑固，粘り強い，変化が乏しい，精神的テンポが遅い，繊細でない，粘着性の中に爆発性を秘めている。	

の出来事に対する関心が強い**外向型**に類型化するものです。

　内向型とは，自分自身への関心が強く，内面とのふれあいが豊かで，自分の内面で起こっている主観的出来事をうまくとらえることができ，そうした主観的要因を基準に行動するタイプです。何をするにも，まず自分がどう感じ，どう考えるかが大切なのであって，他人の意向や世間一般の風潮などには動かされにくく，自分自身の納得のいくように，自発的に動きたいのです。そのために，他人や世間一般の風潮に対しては批判的な構えをとりがちで，現実社会への適応に苦労することになります。

　これに対して，外向型とは，周囲の人物や出来事への関心が強く，周囲の期待や自分の置かれた状況，世間の動きをよく把握しており，そうした外的諸条件を基準に行動するタイプです。重大な関心事は，相手がこちらにどうすることを期待しているかであったり，自分は今どんな状況に置かれどう振る舞うのが適切であるのかといった自分を取り巻く外的な条件をとらえることです。心が外的な現実世界に開かれているため，現実社会への適応にはすぐれています。その反面，内的な主観的な世界に対しては閉ざされているので，自分自身の欲求や感情に気づきにくいということがあります。ゆえに，周囲に合わせすぎる過剰適応に陥ることにもなりがちです。

6.1.4　特性でとらえる

1.　アイゼンクの特性論の階層モデル

　類型論から特性論へという時代的流れの中で，多くの特性が提唱されましたが，雑然としたまま数だけ増えていくことを懸念したアイゼンクは，因子分析を用いて相互に関連する特性同士をまとめることにより，特性次元の上に類型次元を置くという**階層モデル**を提起しました（図6-4）。

　この3つの類型次元のうちの内向・外向の類型は，クレッチマーやユングの類型と重なるものです。また，日本でもっともよく用いられているY—G性格検査でも，12の性格特性が2つの類型次元にくくられていますが，それも内向・外向と情緒安定・不安定というアイゼンクの2つの類型と重なっています。

2.　ビッグ・ファイヴ

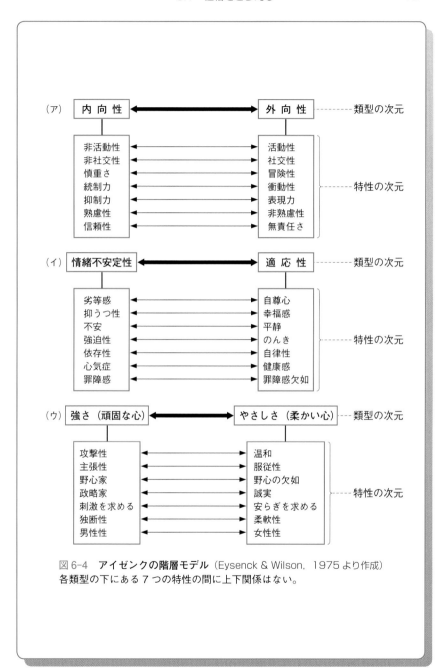

図 6-4　**アイゼンクの階層モデル**（Eysenck & Wilson, 1975 より作成）
各類型の下にある 7 つの特性の間に上下関係はない。

　数ある性格特性はもっとも基本的な5つにくくることができるとする**特性5因子説**は，1941年にフィスクによって唱えられて以来，多くの議論を呼んできました。1981年にゴールドバーグが基本的な5因子をビッグ・ファイヴと名づけて注目され，その後多くの研究者が追随しましたが，研究者によってその内容は微妙に異なっていました（図6-5）。

　性格特性を抽出しようという多くの研究において繰返し現れるものに，外向性（対人的開放性）と情緒不安定性（神経症傾向）があります。このほか，ビッグ・ファイヴ研究において，ある程度共通に抽出されてきたものに，経験への開放性，協調性，信頼性（誠実性あるいは勤勉性）があります。これら5つの性格特性をもとに性格テストを開発したコスタとマックレーによるビッグ・ファイヴ尺度は広く普及し，近年，その妥当性に関する研究が盛んに行われています（コスタとマックレー，1995）。

　外向性とは，積極性，抑制のなさ，活動性，行動範囲の広さ，話し好き，社交性，群居性などを含む性質です。情緒不安定性とは，自意識の強さ，不安の強さ，動揺のしやすさ，気分の不安定さ，傷つきやすさ，神経質などを含む性質です。経験への開放性とは，独創性，想像力，好奇心の強さ，視野の広さ，洞察力などを含む性質です。協調性とは，気だてのよさ，やさしさ，素直さ，従順さ，友好性，寛大さ，愛他性などを含む性質です。信頼性とは，注意深さ，丁寧さ，勤勉性，頑張りや，辛抱強さ，責任感などを含む性質です（表6-2）。

6.1.5　物語的文脈でとらえる

　性格テストの結果，外向的で，情緒が安定しており，協調性はあるほうだ，のような特徴が示され，「ああ，当たってるかも」と思ったとしても，そんなモザイク的な形容詞の羅列では自分の性格がつかめたという感じはしません。

　人に自分の性格をわかってほしいときも，自分に当てはまる性格特性を並べ立てるといったやり方をとることはまずありません。過去の出来事を振り返り，具体的なエピソードをいくつか話すことで自分の性格をわかってもらおうとするのがふつうです。人と人が出会い，互いに相手をもっと知りたい，相手に自分をもっと知ってもらいたいと思うときには，それぞれの過去経験の中から，

図6-5　ビッグ・ファイヴによる5つの性格特性

表6-2　ビッグ・ファイヴの各5因子が含む特性

外 向 性	積極性，抑制のなさ，活動性，行動範囲の広さ，話し好き，社交性，群居性などの性質を含む。
情緒不安定性	自意識の強さ，不安の強さ，動揺のしやすさ，気分の不安定さ，傷つきやすさ，神経質などの性質を含む。
経験への開放性	独創性，想像力，好奇心の強さ，視野の広さ，洞察力などの性質を含む。
協 調 性	気だてのよさ，やさしさ，素直さ，従順さ，友好性，寛大さ，愛他性などの性質を含む。
信 頼 性	注意深さ，丁寧さ，勤勉性，頑張りや，辛抱強さ，責任感などの性質を含む。

自分の性格的特徴をよく表していると思われるエピソード群を選び出し，語ることになります。似たようなエピソードが並べられることによって，それらを貫いている一定の傾向を知ることができます。

　このように，性格を物語的文脈のもとに把握しようというのが自己物語法の立場です（榎本，1999，2000）。そこでは，自分を特徴づける過去のエピソードを書いてもらったり，語ってもらったりします。どんなエピソードが自分をもっともよく特徴づけるのかがわからないということもあります。そんなときには，もっとも古い記憶に遡って，幼児期，児童期，青年期，独身時代，新婚時代，子育ての時代のように時期を区切って，それぞれの時期でとくに記憶に残っているエピソードを書いたり語ったりしてもらいます（図6-6）。そして，それぞれのエピソードを貫いている物語的文脈の抽出を試みます（榎本，2001；榎本・横井，2001）。

6.2　性格の形成と変容に関する理論

6.2.1　精神分析学的性格論

　フロイトに始まる精神分析学的性格論では，自然科学のように因果関係を想定して性格形成のメカニズムに迫ろうとします。そこで，生育歴，とくに性格の可塑性が高いと考えられる発達初期の家族関係を中心とする人間関係を重視します。対人関係を軸とした過去経験の痕跡が，無意識の領域を介して，現在の性格に大きな影響を与えていると見るのです。

　それゆえ，性格の変容を目的とする心理療法においては，不適応行動に無意識的に影響を及ぼしていると思われる過去の出来事にまつわる主観的体験を掘り起こし，これを整理し直すことにより，新たな洞察へと導こうとするのです。

　また，フロイトは，心をその機能によって，エス，自我，超自我の3つの側面に分け，その力関係によりあらゆる心理現象を説明しようとしました（図6-7）。エスとは，性格の中の無意識的・衝動的な側面で，論理性や統一性に欠け，快感原則に従います。自我とは，性格の中の意識的・現実的な側面で，外的状況にふさわしい思考や行動の導き手として現実原則に従います。超自我と

大切にされたはずなのに，記憶では放任された思い出のほうが多い。どこの家も大人は忙しい時代で，子どもにあまり手をかけられなかったのだろう。楽しい思い出とともに，何だか淋しかった思い出が多い。

低学年・中学年の頃は，あまり目立たず，ボーッとしていた。高学年の頃は最高に楽しかった。この頃のことは今でもはっきり覚えている。クラスがまとまり，私もクラスの中心になって，思い切り活動した。女の子の友だちはもちろん，好きな男の子ともうまくつきあえた。良い時代だった。

中学・高校時代は，思い出してもため息が出る時期。名門の中学に入ったため，周りが優秀すぎて，劣等感に悩まされた。さらに有名な進学校の高校に進み，劣等感と勉強に悩まされた。自分が嫌いだった時代。

大学に入り，受験から解放され，一人暮らしを始め，自由で楽しい時代だった。演劇活動に明け暮れた4年間で，とても充実していた。その後就職し，恋愛に仕事に忙しい日々となった。

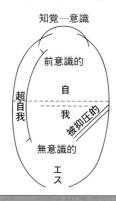

結婚のため退職し，子どもが次々に3人生まれ，育児に追われる毎日だった。その後，アルバイト的な仕事をしながら，趣味としての創作活動に没頭し，自己実現を模索している。でも，いつも何か違うぞ，まだまだ自分じゃないぞといった感じが拭えないでいる。

図6-6　自己物語法による幼児期以来の主なエピソード──ある40代女性の事例

図6-7　**心の構造**（フロイド，1932）

は，性格の中の倫理的な側面で，自分自身をたえず監視することで，道徳的な行動に導こうとします。この3つの力関係によって具体的な行動が決まるというわけです。

　精神分析学的な性格発達論としては，エリクソンの**発達漸成説**が有名ですが，それについては発達の章（4章）を参照してください。

6.2.2　学習理論的性格論

　これはワトソン，ハル，スキナーなどの行動主義的心理学の影響を受けた性格論をさします。精神分析学的性格論では無意識的な力の中に生得的なものも仮定していますが，**学習理論的性格論**では人間は生まれたときは白紙であって生後の経験により多種多様な性格がつくられると考えます。生得的な傾向は考慮に入れず，人間のもつ柔軟性と無限の学習能力に着目するため，外から与える刺激をコントロールすることでどのような性格をもつくり出せると考えるのです（図6-8）。

　ゆえに，心理療法においても，不適応とは不適切な行動の学習の産物であるという考えに基づき，問題になっている行動を消去したり，望ましい行動を再学習させたりする直接的なアプローチをとります。

　具体的な性格形成論としては，ロッターの原因帰属に関するものや，セリグマンの無力感に関するものがありますが，それらに関しては学習の章（2章）を参照してください。

6.2.3　人間性心理学的性格論

　精神分析学的性格論や学習理論的性格論が幼少期の経験を重視し，人間を無意識の力あるいは外的条件によって動かされている受動的な存在とみなすのに対して，**人間性心理学的性格論**では，人間の主体的な側面をとくに重視します。外的決定因よりも本人自身による主体的動き，つまり本人の価値観や目標といった志向性を重視し，過去よりも未来の光によって現在を照らし出そうとします。与えられた刺激に反応したり，過去経験に拘束されている側面よりも，主体的に選択し，価値や意味を追求していく側面を重視するのです。

私に，健康で，いいからだをした1ダース
の赤ん坊と，彼らを育てるための私自身の
特殊な世界を与えたまえ。そうすれば，私
はでたらめにそのうちの一人をとり，その
子を訓練して，私が選んだある専門家——
医者，法律家，芸術家，大実業家，そうだ，
乞食，泥棒さえも——に，その子の祖先の
才能，嗜好，傾向，能力，職業がどうだろ
うと，きっとしてみせよう。

ジョン・ブローダス・ワトソン (1878 ～ 1958)

図 6-8　**学習理論的性格論** (Watson, 1930 ; 安田, 1980)

　ゆえに，心理療法でも，外から治療するのではなく，本人自身の中に自身を強化する方向に全能力を発揮しようという実現傾向があることを前提として，それを目覚めさせることで望ましい方向への自己の変容が起こると考えます。

　ロジャーズは，性格の形成を考えるにあたって，自己概念の役割を重視します。自己概念は，幼児期以降の主として親との相互作用の中でしだいに明確な形をとっていきます（図6-9）。その際，子どもは親を代表とする重要な他者によって評価される存在だということが大きな意味をもちます。子どもは，しつけなどを通して，「あなたが○○である場合にだけ，私はあなたを認めます」「○○のようなあなたは嫌いです」といった選択的評価にたえずさらされています。子どもは，自己を意識するようになるにつれて，肯定的に評価されたいという欲求を発達させます。したがって，親を中心とする重要な他者による期待に応える方向に自己を形成していこうとし，重要な他者によって与えられた評価が自己概念の中心的な部分を形成することになります。私たちの感情は自己概念を通して意識され，私たちの行動は自己概念に沿った形で決定され実行に移されます。ということは，自己概念が変わることで，ものごとの受けとめ方が変わり，行動のとり方も変わってきます。ゆえに，現在の生活の中に葛藤が見られるときは，自己概念による縛りから自由になって，今実際に感じていること，自分自身の経験に気づくことで，経験に対して開かれていくことを目指します（図6-10）。

6.2.4　行動遺伝学的性格論

　行動遺伝学とは，行動や心理面における個人差に及ぼす遺伝の影響を明らかにしようという学問領域です。

　たとえば，外向性に関する双生児対間の相関は，1万2,777組の双生児を対象とした研究では一卵性0.51，二卵性0.21，2,903組の双生児を対象とした研究でも一卵性0.52，二卵性0.17となっており，いずれも一卵性の相関係数のほうが2倍以上の大きさであり，遺伝規定性の強さを示しています（プロミン，1990）。このように外向性には遺伝要因が強く絡んでいることが双生児研究から明らかですが，遺伝子に関する研究により，外向性に関係すると考えられる

このように，not OK の部分が自己概念からとりこぼされていく。

図 6-9　重要な他者による評価に影響を受ける自己概念

図 6-10　自己概念の変容

新奇性を好む性質と神経伝達物質ドーパミンとの関係が示唆されています。すなわち，新奇性を好む性質とドーパミン受容体遺伝子の配列タイプとの関連が報告されています（ベンジャミンたち，1996）。

　また，神経症傾向に関する双生児対間の相関は，1万2,777組を対象とした研究では一卵性0.50，二卵性0.23，2,903組の双生児を対象とした研究でも一卵性0.50，二卵性0.23となっており，いずれも一卵性の相関係数のほうが2倍以上の大きさであり，遺伝規定性の強さを示しています（プロミン，1990）。このように神経症傾向に遺伝要因が強く絡んでいることが双生児研究から明らかですが，遺伝子に関する研究により，神経症傾向と神経伝達物質セロトニントランスポーター遺伝子との関連が示唆されています（レッシュたち，1996）。

　日本人には，不安傾向の強さと関連するとされるセロトニントランスポーター遺伝子の配列タイプをもつ人が非常に多いことがわかっています。また，日本人には，新奇性を求める傾向と関連するとされるドーパミン受容体遺伝子の配列をもつ人がほとんどいないこともわかっています。そこから，慎重で対立を避ける日本的パーソナリティには遺伝的基礎があるということもできるでしょう（周防・石浦，1999）。

　安藤（2009）は，一卵性双生児と二卵性双生児の性格や知能の類似性を検討したいくつかの共同研究の結果を一括して示しています（図6-11）。これを見ると，神経症傾向（情緒不安定性），外向性，開放性（経験への開放性），調和性（協調性），誠実性（信頼性）といったビッグ・ファイヴでとらえられた性格特性をはじめとして，一般的信頼性や権威主義的伝統主義，論理的推論や空間的知能に至るまで，一卵性双生児のほうが類似性がはるかに高くなっています。このことは，これらの性質に遺伝が強く影響していることを意味します。

6.2.5　物語論的性格論

　自己物語の心理学の立場（榎本，1999，2002）では，人はそれぞれに自己物語を生きていると考えます。その立場によれば，私たちは，数え切れないほどの過去経験を背負って生きていますが，自分の人生を振り返るとき，またそれを人に語るときに想起されるのは，私たち自身が抱えている物語的文脈と矛盾

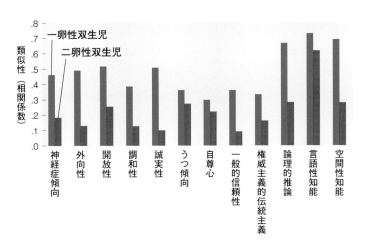

図 6-11 双生児のパーソナリティや知能の類似性（安藤，2009）

しない出来事や経験に限られます。日々の経験も，抱えている物語的文脈の枠組みに沿って意味づけられ，自分史の中に書き加えられていきます。

　私たちは，事実そのものを経験するのでなく，事実が私たちにとってもつ意味を経験します。現実のもつ意味，経験の意味は，私たちがそれをどのように解釈するかによって決まってきます。その解釈の枠組みを与えるのが，私たちが生きている自己物語の文脈です。

　私たちの日々の行動は，気まぐれに起こされるのではなく，抱えている自己物語に基づく過去の解釈と未来の予期によって構造化されます。つまり，私たちは，先立つ出来事や後に続くと予想される出来事に照らして，意味があると思われる行動をとっているのです。このように，日々の行動は，日々の経験の意味づけによって決まるわけですから，行動を規定し，行動に一貫性を与えるものとしての性格は，すなわち自己物語の文脈であるということになります（図6-12）。

　特性論的な心理学は伝記的・社会的・歴史的な文脈において人間を全体として理解するための包括的な枠組みを提供することができなかったとするマクアダムス（2006）は，語りと意味の次元を取り込んだ性格理解の枠組みを提示しています。それが3層構造モデルです（図6-13）。この図のレベル1は，気質的特性の領域です。ビッグ・ファイヴの特性のように，文脈から切り離された，人々の間の差異に関するもので，個人の特徴の大雑把な輪郭を描くものです。このような特性は，概括的で文脈から切り離されているため，個々の状況と結びついた具体的な行動や個人的特徴の変化をうまく説明することはできません。レベル2は，特有の適応様式です。ここには動機，目標，関心，態度，価値観，コーピングスタイル，対人関係スタイルなどが含まれ，特定の状況や社会的役割との関連においてどのように振る舞うかを説明するものです。レベル3は，統合的ライフストーリーです。これは，自分の人生の意味を理解するために人々が構成する内面化され発展しつつある自己物語です。

　このマクアダムスのモデルのレベル3の統合的ライフストーリーは，まさに意味の次元を扱う語りをとらえようとするものといえます。レベル1やレベル2では人間生活における意味の問題を扱うことができません。語りという好意

自分の身にふりかかった出来事を解釈するのにうまく機能していた自己物語が，新たな現実を意味づける力を失ってしまった事態。

新たな状況にうまく対処していけるような新たな自己物語の構築が必要。

自己物語の書き換え＝性格の変容

図 6-12　物語論的性格論

を対象とする解釈学的心理学は，ナラティブ研究という旗印のもとに盛んにその存在意義をアピールし始めています。意味の次元の探求を重視するジョッセルソン（2006）は，解釈学的な立場をとるナラティブ心理学は，人間はストーリーを生み出すのに似た自伝的過程を通して自分の人生を創造するという前提に立っているとしています。そこでの関心は，人生上に起こった具体的な事実ではなく，選択的に着目された内的・外的経験から読み取ることができる意味です。ジョッセルソンは，人々の人生経験は，過度に単純化された測定尺度や人工的な実験条件をもとに中心傾向や統計的に有意な集団差を追求する試みの中で見失われてしまったと指摘し，ナラティブ・アプローチこそが人々の人生を生きられているままに観察し分析することを可能にする心理学であるといいます。

6.3　性格の形成要因

6.3.1　遺伝的要因

　人は生まれたときは白紙であって，生後のさまざまな経験によって個性がつくられる，というのは極端な経験説のとる立場です。身分制社会を打破するには，みんな同じとする経験説のもつ意義は大きかったと思われますが，自由平等な考え方が広く浸透した今日，素質の違いということにも十分目を向ける必要があります。素質に個人差があるのは，紛れもない事実なのです。

　双生児研究により，心的活動性，根本気分，感受性，向性などの性質は，遺伝によりかなり規定されることがわかっています（詫摩，1967）。心的活動性は精神的テンポともいわれますが，せっかちでじっとしていられないタイプは心的活動性が高く，反対にのんびりしているタイプは心的活動性が低いことになります（表6-3）。根本気分とは，個人を貫いている一定の気分のことで，温かみのある気分を漂わせているタイプもあれば，冷たく突き放すような気分を漂わせているタイプもあります。感受性とは，周囲の雰囲気や他人の気持ちに敏感かどうかということです。向性とは，内向か外向かということです。このような性質は，遺伝的要因によってかなりの部分が決まっているというので

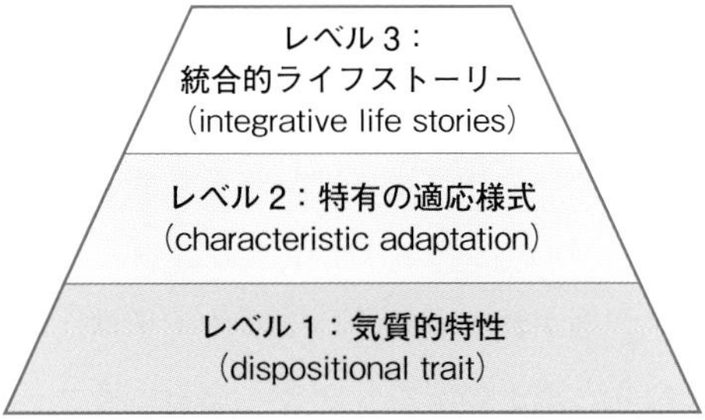

図 6-13　マクアダムスのパーソナリティの 3 層構造（榎本，2008a）

表 6-3　気質の持続性（トーマスたち，1972 より作成）

	（活動水準が）高い	（活動水準が）低い
2カ月	睡眠中よく動き，おむつをかえるとき動きまわる。	着がえのときも，睡眠中も動かない。
6カ月	浴槽の中に立とうとしたり，水をパチャパチャはね返す。ベッドの中でとび上がる。犬を這って追う。	受身的に入浴。ベッドの中で静かに遊び，そのうち寝てしまう。
1歳	かなりはやく歩く。どんどん食べる。何にでもよじ登る。	ミルクを飲み終わるのが遅い。すぐ眠る。おとなしく爪を切らせる。
2歳	家具の上に登る。探検する。寝かされるとベッドから出たり入ったりする。	パズルなどで静かに遊ぶのが好き。何時間でもレコードを聴いている。
5歳	食事中にしょっちゅうテーブルを離れる。いつも走っている。	洋服を着るのにヒマがかかる。長いドライブの間じっとすわっている。
10歳	ボール遊びなどのスポーツをやる。宿題をする間じっと長くすわっていられない。	チェスや読書を好む。食事のスピードがのろい。

す。

　また，親子の愛着関係の観察により，抱かれやすいタイプの赤ん坊と抱かれにくいタイプの赤ん坊がいることがわかっています。新生児の行動評定からも，新生児の抱かれやすさに個人差があることが明らかになっています。新生児の個人差に関する研究からは，泣き方にも誕生時から個人差があることがわかっています（榎本，1996）。抱かれやすさや泣き方の個人差は，親による扱い方の違いをもたらします。抱かれやすい子，よく泣く子は，親から頻繁に抱き上げられたりあやされたりと親子の関わりが多くなると考えられます。一方，抱かれにくい子，あまり泣かない子は，放っておかれることが比較的多くなるでしょう。このような扱いの差は，当然のことながら性格の違いを生むはずです。

　つまり，遺伝が直接的に性格の違いをもたらすだけでなく，遺伝的な素質の違いが異なる環境を呼び寄せ，その環境の違いが性格の違いを生むといった形での，間接的な遺伝要因の働き方というのもあるのです。

6.3.2　環境的要因

　性格形成に影響する環境的要因には，じつにさまざまなものがありますが，以前からよく研究されてきたのが，親の養育態度と子どもの性格との関係です。よく用いられるのが，親の養育態度を受容的/拒否的，支配的/服従的の2つの軸を交差させて分類するサイモンズの図式です（図6-14）。図の2つの軸の交点に位置するとき，すべてにおいて中庸を心得ているという意味で，理想的な養育態度とみなされます。適度に愛情を注ぎ，適度に突き放し，適度に統制し，適度にいうことを聞いてやるといった態度です。2つの軸でどちらに偏るかによって，問題をはらんだ4つの養育態度のいずれかに分類されます。支配的かつ受容的なのが過保護型，支配的かつ拒否的なのが残酷型，服従的かつ受容的なのが甘やかし型，服従的かつ拒否的なのが無関心型です。これに基づいた研究は数多く行われており，過保護な養育態度が依存的・消極的で自発性の乏しい子どもの性格を，残酷な養育態度が強情で冷酷で神経質な子どもの性格を，甘やかす養育態度がわがままで幼児的な子どもの性格を，無視的な養育態度が冷酷で攻撃的な子どもの性格をそれぞれもたらしやすいことがわかってい

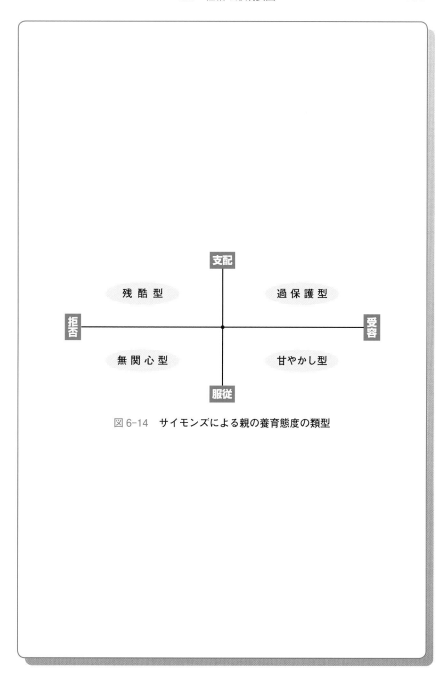

図 6-14　サイモンズによる親の養育態度の類型

ます（表6-4）。ただし，前項でもふれたように，子どもがもともともっている性格が親の養育態度を引き出すという方向もあるので，今ある子どもの性格が親の養育態度によってつくられたものだと一概にみなすわけにはいきません。

　子どもにどのような子になってほしいと願うか，いわゆる発達期待のあり方も，子どもの性格形成に強く影響すると考えられます。東たち（1981）は，発達期待に関する日米比較調査を行っています。その結果，アメリカの母親より日本の母親のほうが強くその発達を期待するのが従順さや情緒的成熟，その逆なのが社会的スキルや言語的自己主張でした（p.96 ～ 99 参照）。ここには，従順さをよい子の条件とする日本文化と自己主張をよい子の条件とするアメリカ文化の対照性が如実に現れているといえます。文化の違いというのを最小単位まで縮小していくと，家庭の文化の違いに行き着きますが，そこにも発達期待による性格形成の違いが見られるはずです。

6.3.3　主体的要因

　性格形成には，自分自身の意志の力によって一定の方向に自己形成していこうとする主体的（能動的）要因もあります。これは，とくに青年期以降の性格形成において強く働くものと考えられます。

　青年期になると，それまで主として外の世界に向かっていた視線が，自分の内面に向くようになります。そこに，見る自分と見られる自分との分裂が鮮明化し，見る自分によって見られる自分をつくりかえる作業，すなわち主体的自己形成が盛んに行われるようになります。それが，いわゆるアイデンティティの探求です。「自分はいったい何者か」「どのように生きるのが自分らしいのか」といった問いを掲げ，それに対する回答を模索するのです。

　主体的自己形成においては，自分の向かうべき方向に自己を引きつける価値を設定することになります。その一つに理想自己があります。なりたい自己，なるべき自己を理想として掲げ，それと現実自己のギャップを縮めるべく現実自己の向上を目指すのが主体的自己形成だということができるでしょう。そして，理想自己の吸引力のもとに，日々の行動のとり方をはじめ自己のもつ諸性質が体系化され，性格の一貫性が強化されていきます。理想自己と現実自己の

表 6-4　**母親の態度と子どもの性格**（詫摩，1967）

母親の態度	子どもの性格
1　支　配　的	服従，自発性なし，消極的，依存的，温和
2　かまいすぎ	幼児的，依存的，神経質，受動的，臆病
3　保　護　的	社会性の欠如，思慮深い，親切，神経質でない，情緒安定
4　甘　や　か　し	わがまま，反抗的，幼児的，神経質
5　服　従　的	無責任，従順でない，攻撃的，乱暴
6　無　　　視	冷酷，攻撃的，情緒不安定，創造力にとむ，社会的
7　拒　否　的	神経質，反社会的，乱暴，注意をひこうとする，冷淡
8　残　　　酷	強情，冷酷，神経質，逃避的，独立的
9　民　主　的	独立的，素直，協力的，親切，社交的
10　専　制　的	依存的，反抗的，情緒不安定，自己中心的，大胆

ギャップを前にして自己嫌悪を強めるのが青年期の心理的特徴の一つでもあり
ますが，その自己嫌悪も適度なものであれば向上へのバネとして機能します
（図6-15）。

　ところで，どのような理想自己を掲げるか，また現実自己と理想自己の
ギャップにどのように対処するかには，大きな個人差があります。高い理想を
掲げてそこにはいあがろうとがむしゃらに頑張るタイプもあれば，あまり高い
理想を掲げることなくのんきに構えるタイプもあります。理想自己と現実自己
のギャップに自己嫌悪を強く感じるタイプもあれば，あまり気にしないタイプ
もあります。自己嫌悪に打ちひしがれ，うつうつと沈み込んで，身動きがとれ
なくなるタイプもあります。それによって主体的自己形成のあり方は大きく
違ってくるはずです。そうなると，主体的自己形成のあり方を規定しているも
のは何なのかという問題も出てきます。そこに，性格形成のさまざまな要因の
もつれをほぐすことの難しさがあるのです。

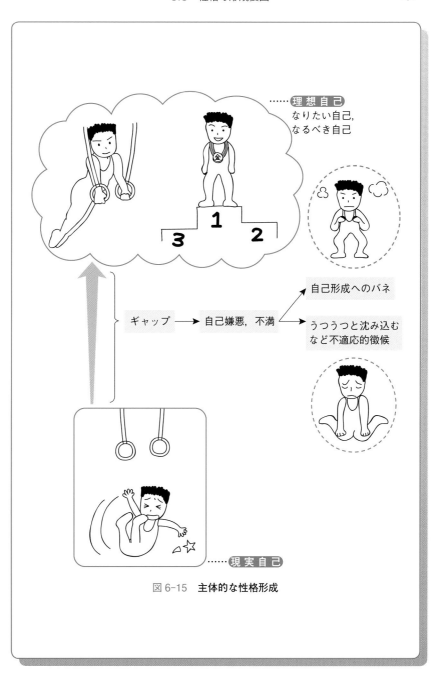

図 6-15 **主体的な性格形成**

●参 考 図 書

詫摩 武俊・瀧本 孝雄・鈴木 乙史・松井 豊（2003）．性格心理学への招待［改訂
　　　版］――自分を知り他者を理解するために――　サイエンス社

　性格の理論，発達，変容，人間関係と性格，適性，病理など，性格心理学の領域
を広くカバーする標準的な入門書です。

オールポート，G. W.　星野 命たち（訳）（1981）．人格心理学（上・下）　誠信書
　　　房

　性格心理学をはじめて体系化したとされるオールポートの古典的名著で，性格の
定義から始めて性格心理学の諸領域を幅広く論じています。

榎本 博明（1996）．性格の見分け方　創元社

　性格の把握，遺伝と環境，人間関係と性格，性格の病理など，性格心理学の基本
的な内容をわかりやすく説き明かした入門書です。

テオプラストス　森 進一（訳）（1982）．人さまざま　岩波書店（岩波文庫）

　ギリシャ時代に書かれた世界最古の性格論とされるもので，性格論というにはあ
まりに素朴なものですが，とてもおもしろい読み物になっています。

榎本 博明・安藤 寿康・堀毛 一也（2009）．パーソナリティ心理学――人間科学，
　　　自然科学，社会科学のクロスロード――　有斐閣

　個人差や個性をどのようにとらえたらよいのかといった問題を人間科学，自然科
学，社会科学の３つのアプローチから説き明かした新しい入門書です。

戸田 まり・サトウ タツヤ・伊藤 美奈子（2005）．グラフィック性格心理学　サイ
　　　エンス社

　性格心理学の知見を現代の文化的文脈の中に置いて，歴史的かつ実践的な観点か
ら解説した入門書です。

安藤 寿康（2016）．日本人の９割が知らない遺伝の真実　SB 新書

　私たちの性格や知能に与える遺伝的要因の影響について研究する行動遺伝学の最
新の知見を教育にからめつつ解説しています。

自　　己

　　自己というのは，とても神秘的な心理現象です。自己責任とか自己中心的の
ように自己という語は日常的に使われており，自己が自分自身をさすというの
はだれもが知っています。ところが，自己をもっとよく知りたいと思って自己
と向き合おうとすると，そのとらえどころのなさにもどかしさを感じざるをえ
ません。だれにとってももっとも身近であるはずの自己が，じつはもっともと
らえどころのない遠い存在であるかのように，私たちの手の中をすり抜けてい
くのです。

7.1　自己の二重性

7.1.1　見る自己と見られる自己

　私たちが「自己とは何か？」「私の自己にはどんな特徴があるのだろうか？」と問うとき，問いを発する自己があると同時に，俎上（そじょう）に載せられ点検される自己があります。つまり，自分を見つめ，自分について思いをめぐらすとき，私たちは見る自己と見られる自己に引き裂かれているのです。

　このような自己の二重性を最初に明確に指摘した心理学者はジェームズです。ジェームズ（1892）は，知る者であると同時に知られる者であり，主体であると同時に客体でもある自己の二重性を指摘して，自己を「知る主体としての自己（I：self as knower）」と「知られる客体としての自己（me：self as known）」の 2 つの側面に分けました（図 7-1）。

7.1.2　客体としての自己

　客体としての自己とは，ジェームズによれば，本人が自分のものということのできるすべてをさします。ジェームズは，それを物質的自己，社会的自己，精神的自己に分けています。物質的自己とは，身体，衣服，家族，家，財産などをさします。社会的自己とは，関わりのある人たちがこちらに対して抱いているイメージです。ゆえに，細かく見れば，私たちは自分を知っている人の数だけ社会的自己をもつことになりますが，同じ集団に属する人たちからは似たようなイメージがもたれているはずなので，所属する集団の数だけ社会的自己をもつともいえます。精神的自己とは，本人の意識状態，心的能力，心的傾向などを意味します（図 7-2）。

　ジェームズが身体や家族を物質的自己としていることなどに疑問をもつ榎本（1982）は，客体としての自己を図 7-4 のように分類しています。

7.1.3　主体としての自己

　主体としての自己は，だれもがどこかでその存在を感じているのですが，それをつかみとろうとすると客体としての自己になってしまうというところにと

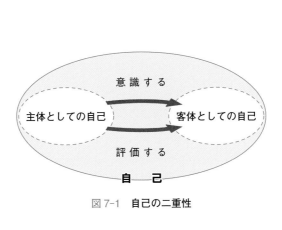

図 7-1　自己の二重性

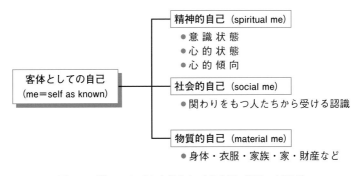

図 7-2　ジェームズの**客体としての自己**（榎本, 1998）

らえどころのなさがあります。自己の二重性を指摘したジェームズも，客体と
しての自己については多くの知見を残しましたが，主体としての自己に関して
は真正面から取り上げることはありませんでした。これは，心理学の限界なの
かもしれません。哲学者のヤスパースも，主体としての自己は観察可能性をも
反省をも超越しているので，それが何であるかという問題には心理学的には答
えられないといっています。でも，それが何であるかは答えられないとしても，
それがどのように機能するかを考察することはできるのではないでしょうか。
これに関しては，後の節で取り上げることにします。

7.2　客体としての自己概念

7.2.1　自己概念の多面性

　客体としての自己は，自分自身についての概念化されたイメージである自己
概念に重なるものです。

　先にジェームズが客体としての自己を物質的自己，社会的自己，精神的自己
の3つに分け，榎本（1990）がそれらに身体的自己，血縁的自己，名称的自己，
地縁的自己，現象的自己を追加していますが，これらは自己概念の下位分類と
みなすことができます。

　教育心理学的観点から自己概念の検討を行っているシャベルソンたち
（1976）の自己概念モデルでは，自己概念はまず学業的自己概念と非学業的自
己概念に分かれ，後者はさらに社会的自己概念，情動的自己概念，身体的自己
概念に分かれています（図 7-3）。

　いずれにしても，自己概念をとらえる際には多面的な把握をする必要がある
でしょう。たとえば，自分の知的側面についてどう見ているか（精神的自己概
念あるいは学業的自己概念），身体的側面についてどう見ているか（身体的自
己概念），対人関係的側面についてどう見ているか（社会的自己概念），家族関
係についてどう見ているか（血縁的自己概念）のように，個人の自己概念を多
面的に検討するのです（図 7-4）。

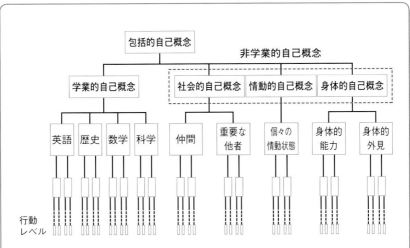

図7-3　**シャベルソン・モデル** (Shavelson et al., 1976；榎本，1998)

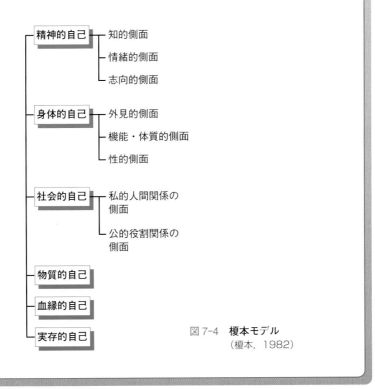

図7-4　**榎本モデル**
（榎本，1982）

7.2.2　自己概念の多次元性

　自己概念の次元として，記述的次元と評価的次元があるというのは，多くの研究者の一致するところです（榎本，1998）。たとえば，身体的自己に関して，背が高いとか髪が長いとかいうのは記述的次元ですが，スタイルがよいとか体が弱いとかいうのは評価的次元になります。さらに，榎本（1998）は，重要視の次元や感情の次元を設定しています。たとえば，勉強ができないというのが評価的次元で，勉強ができることが自分にとってとくに大事だというのは重要視の次元で，重要である勉強ができない自分が嫌だというのが感情の次元です。同様に，社交が苦手というのは評価次元で，社交ができることは自分にとってそんなに重要でないというのは重要視の次元で，社交がうまくできない不器用な自分が好きというのが感情の次元です。一般に，重要視している自己の側面で評価が低いときに，否定的な感情が生じやすいと考えられます。

　ほかに，現実次元と可能次元の区別や，過去・現在・未来という時間で区切った次元があります（図7-5）。

　現実の自分に対する概念化されたイメージが現実次元の自己概念とすると，そうなる可能性のある自己のイメージが可能次元の自己です。可能自己の代表である理想自己と現実自己のズレの果たす役割については性格の章（6章）でふれたので，そちらを参照してください。

　また，時間軸上を拡張された意識をもって生きる私たちは，現在の自己に対する概念化されたイメージをもつだけでなく，過去の自己に対する概念化されたイメージを背負うとともに，未来の自己に対する概念化されたイメージを思い描きます（榎本，1998）。過去の自己や未来の自己をどのようにイメージするかは，現在の自己のあり方に多大な影響を与えるはずです。榎本（2001）や横井・榎本（2000）は，自分の過去への態度や未来への態度が肯定的であるほど現在の自己評価が肯定的であることを見出しています（表7-1）。

7.2.3　自己概念と学業成績

　学業的自己概念と実際の学業成績との関係については，前者が後者を導くという見方と後者が前者を導くという見方があります（キャルシンとケニー，

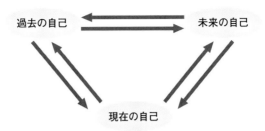

図 7-5　時間軸上を行き来する私たち

表 7-1　自分の過去への態度・未来への態度と自己評価
（横井・榎本，2000；榎本，2001 より作成）

自分の過去への態度	自己評価得点
自分の過去をよく思い出す	.07
想起する過去は明るい内容が多い	.22**
このことを思い出すと嫌な気分になるという出来事がある	−.25***
過去に戻りたい	−.08
過去を誰かに話したいという思いが強い	.12
人生史の中に書き換えたい過去がある	−.48***
想起行為が好き	.07
自分の過去に満足している	.30***
自分の過去をよく人に語る	.24***
自分の過去が好き	.39***
消してしまいたい過去がある	−.13**
過去を思い出しては後悔することが多い	−.32***
過去にとらわれている	−.24***

自分の未来への態度	自己評価得点
思い描く未来は明るい内容が多い	.28***
未来をよく思い描く	.21***
未来を思い描くことが好き	.32***
未来のことを空想して楽しい気分になる	.27***
未来のことを空想して憂鬱な気分になる	−.29***
こうなりたいと思う自分の未来像がはっきり描ける	.30***
こうはなりたくないと思う自分の未来像がはっきり描ける	−.11
自分の未来像を人によく語る	.16*

*** $p < .001$，** $p < .01$，** $p < .05$。

1977)。

　学業的自己概念が学業成績の主要な決定因であると見るのが自己高揚モデルです。これによれば，学業的自己概念を高めることが学業成績の向上につながることになります。たとえば，英語が得意だと思ったり，数学はまあまあできると思ったりすることで，英語や数学の成績がよくなるというわけです。反対に，学業的自己概念は学業成績の結果として形成されると見るのがスキル発達モデルです。これによれば，学業的自己概念を高めるには学業的スキルを発達させて成績を向上させることが必要だということになります。たとえば，英語でよい成績をとることで英語ができるという自信をもつことができるというわけです（図7-6）。

　これに関しては，多くの研究が行われていますが，自己高揚モデルを支持する結果もあれば（マーシュ，1990など），スキル発達モデルを支持する結果もあり（ヘルムケとヴァン・エイケン，1995），さらには両方向の相互作用的影響を見出したものもあって（ヘルムケ，1992），一貫した結果は得られていません。実際には，どちらかのモデルが正しいというよりも，学業的自己概念と学業成績は相互に影響し合っていると考えるのが妥当といってよいでしょう。

　学業的自己概念の形成に関しては，一般に周囲の人たちとの比較や集団の中での位置づけ，つまり社会的比較が用いられます。ただし，どの範囲での比較が行われるかによって，学業的自己概念が形成される方向は違ってきます。たとえば，ロジャース（1978）は，小学生を対象とした調査により，学業的自己概念はクラス内の成績順位を反映したものとなっていることを見出しています。つまり，クラス内で成績を上位群・中位群・下位群に分けた場合，学業的自己概念は上位群ほど肯定的，下位群ほど否定的となりますが，クラス内に基準を置かずに成績を上位群・中位群・下位群に分けた場合には，成績と学業的自己概念の間には関係が見られませんでした。この結果は，身近な仲間たちとの比較に基づいて学業的自己概念が形成されることを示しています。

　そうなると，同じ学力であっても，よくできる生徒の多いクラスや学校では学業的自己概念は否定的なものになりやすく，あまりできない生徒の多いクラスや学校では肯定的なものになりやすいのではないかという予想が成り立ちま

自己高揚モデル

学業的自己概念　　　　　　　　　　学業成績

スキル発達モデル

図 7-6　**自己高揚モデルとスキル発達モデル**

図 7-7　**小さな池の大きな魚効果**

す。これに関しては，マーシュ（1987）も，学業的自己概念は個人の学業成績
（一般に学校内での位置づけ）と正の相関関係にあるのに対して，学校の学業
レベルとは負の相関関係にあることを見出し，小さな池の大きな魚効果と名づ
けています（図7-7）。

7.2.4　自己概念の場面依存性

　ジェームズが社会的自己に関して，人は関わりのある人の数だけ社会的自己
をもつといったように，私たちは相手によって自分の違った面を見せているは
ずです。そうしてみると，私たちの社会的自己概念は多面的であり，だれと一
緒の場面であるかによって異なった形をとるといえます。

　これに関しては，キルシュトロームとキャンター（1984）が文脈の中の自己
という考え方を提起しています。すなわち，一人でいるときの自己と他者と一
緒にいるときの自己は違うはずだし，同じく他者と一緒にいるとはいっても見
知らぬ人と一緒にいるときの自己と知人と一緒にいるときの自己は違っている
はずで，知人といっても仕事仲間と友だちと家族ではそれぞれの前での自己に
違いがあるはずだというわけです。

　榎本（1993）も，自己概念の場面依存性という概念を提起しています。これ
は，同じ人物の自己概念でも，だれと一緒にいるときかによって異なってくる，
つまり自己概念のあり方は場面に依存しているということを意味するものです。
榎本は，家族と一緒のとき，とくに仲のよい友だちと一緒のとき，好きな異性
と一緒のとき，という3つの場面を設定し，形容詞リストを用いて場面ごとの
自己概念を測定しました。その結果，だれの前にいるときの自分を想定するか
によって自己概念が異なってくることが示されました（図7-8；表7-2）。こ
うした結果をもとに，場面を特定化せずに一般化された形で自己概念を安易に
問うことに疑問を投げかけています。

7.3　対 人 不 安

　対人不安とは，バス（1986）によれば，人前に出たときに感じる不快感のこ

無口で無愛想な自分

家族といるときの私

照れ屋で引っ込み思案の自分

異性の友人といるときの私

おしゃべりで面白い自分

同性の友人といるときの私

穏やかで気を遣う自分

それほど親しくない人といるときの私

図 7-8　自己概念の場面依存性

表 7-2　各因子の個人内における場面変動性——各場面間の評定値の差
（榎本，1993，2002）

		家族・友人間 平均（標準偏差）	家族・異性間 平均（標準偏差）	友人・異性間 平均（標準偏差）	3場面間 平均
第 1 因子	積極性	2.92（2.20）	3.21（2.01）	2.47（1.98）	8.60
第 2 因子	明るさ	2.36（1.89）	2.81（2.01）	2.20（1.91）	7.37
第 3 因子	内気とぎこちなさ	2.62（2.07）	3.74（2.74）	2.80（2.08）	9.16
第 4 因子	やさしさ	2.26（1.68）	2.97（2.05）	1.79（1.60）	7.02
第 5 因子	繊細さ	2.56（1.93）	3.11（2.23）	2.27（1.95）	7.94
第 6 因子	強情さ	3.09（2.20）	3.34（2.20）	2.23（1.73）	8.66
第 7 因子	怠慢と気短	3.06（2.06）	4.02（2.26）	2.32（1.87）	9.40
第 8 因子	自己顕示性	1.62（1.38）	1.90（1.63）	1.40（1.37）	4.92
第 9 因子	勝ち気	2.02（1.59）	2.12（1.56）	1.53（1.29）	5.67
第10因子	もろさ	2.05（1.45）	2.44（1.61）	1.44（1.30）	5.93
第11因子	おおらかさ	1.45（1.42）	1.79（1.40）	1.23（1.20）	4.47

とです。シュレンカーとリアリィ（1982）は，対人不安とは，現実の，あるい
は想像上の対人的場面において，他者から評価されたり，評価されることを予
想したりすることによって生じる不安であるとしています。この定義は，バス
の定義と比べて，対人不安が生じる心理メカニズムにまで踏み込むものと言え
ます。そして，好ましい自己像を示そうという自己呈示欲求が強いほど，また
自己呈示がうまくいく主観的確率が低いほど，対人不安が強くなるという，対
人不安を自己呈示に結びつけたモデルを提起しています。

　対人不安には，話すことに対する不安や相手から好意的にみてもらえるかど
うかに対する不安が含まれます。たとえば，よく知らない人や，それほど親し
くない人と会う際には，「うまく喋れるかな」「何を話したらいいんだろう」
「場違いなことを言ってしまわないかな」などといった不安が頭をもたげてく
るため，会う前から緊張してしまいます。会ってからも，「好意的に受け入れ
てもらえるかな」「変なヤツと思われないかな」などといった不安に駆られ，
相手の言葉や態度に非常に過敏になり，気疲れしてしまいます（コラム 7-1）。

　対人不安には，場違いな自分を出してしまう不安も含まれますが，相手の反
応を気にしすぎると率直な自己開示（10 章参照）がしにくくなるということ
があります。筆者が 150 名ほどの大学生を対象に，日頃よく話す友だちに自分
の思っていることを率直に話しているかどうか尋ねる調査を実施したとこ
ろ，ほとんどの学生が率直に話すのは難しいと答えました。その理由として，
現在の関係のバランスを崩すことへの不安，深い相互理解に対する否定的感情，
相手の反応に対する不安，のいずれかに分類できる回答をしていました（表 7
-3）。

　対人不安には，人に見られる自分の姿に対する自信ばかりでなく，自分に対
する自信全般が関係していると考えられます。大学生活に満足している者より
不満足な者のほうが対人不安が強いといったデータもあり（武蔵たち，2012），
うまく適応できていないことによる自信のなさが対人不安につながっていると
考えられます。榎本たち（2001）は，自己評価や自分の過去および未来への態
度と対人不安の関係を検討し，自己評価の低さが対人不安を最も強く規定し，
また自分の過去へのとらわれや過去の拒否の強さ，および未来の不明確さが対

コラム7-1　対人不安の具体的な心理

　対人不安が強いと，対人場面を恐れ，回避しようとする。不安なために，人のちょっとした言動にもネガティブな意味を読み取り，傷つきやすい。対人関係を回避しようとするため，率直なかかわりができず，いざというときに助けになる絆ができにくいということもある。

　（中略）

　そんなふうに気をつかうために友だちと一緒にいても心から楽しむことができない。初対面の相手と話すときに気をつかって疲れるのはわかるが，友だちと話していても疲れる自分はおかしいのではないか。そんな悩みを抱えて相談に来る学生もいる。

　「友だちといると，ふつうは楽しいんですよね。でも，僕は楽しいっていうより疲れる。僕の言ったことや態度で友だちを不快にさせていないか，いちいち考えながら発言したり行動したりしているから，疲れちゃうんです。だから，家に帰ると疲れが出て，しばらく動けなくなります。なぜ自分は友だちと話すのにこんなにも神経をすり減らすのか。こんなに気をつかっているのに，なぜ親しい友だちができないのか。やっぱり僕はどこかおかしいんじゃないか。最近そんな思いが強くて，友だちづきあいがぎくしゃくしてきて，どうしたらいいかわからなくなって……」

　このように悩みを訴える学生は，このままでは苦しくてしようがないから，なんとかしてそんな自分を変えたいという。

（榎本博明『「対人不安」って何だろう？』ちくまプリマー新書）

表7-3　自己開示がしにくい心理的要因（榎本，1997）

①現在の関係のバランスを崩すことへの不安
重たい話を持ち出して今の楽しい雰囲気を壊すことへの不安や，お互いに深入りして傷つけたり傷つけられたりすることへの恐れの心理を反映するもの。
②深い相互理解に対する否定的感情
友だち同士であっても感受性や価値観が違うものだし，自分の思いや考えを人に話してもどうせわかってもらえないだろうというように，人と理解し合うことへの悲観的な心理を反映するもの。
②相手の反応に対する不安
そんなことを考えるなんて変なヤツだと思われないか，つまらないことを深刻に考えるんだなあと思われたら嫌だ，などといった心理を反映するもの。

人不安の強さにつながることを明らかにしています。横井・榎本（2002）も，自分の過去にとらわれ，よく後悔し，消したい過去があり，過去をよく思い出し，思い出すととても嫌になる出来事があり，書き換えたい過去がある者ほど対人不安が強く，自分の過去に満足しており，自分の過去が好きで，明るい思い出が多い者ほど対人不安が弱いことを見出しています。自分の過去に対して否定的な傾向は自信のなさに通じると考えられるので，これも自信のなさが対人不安につながることの証拠といえます。

　ただし，対人不安にも効用があります。対人不安と共感能力の関係を検討する調査を行ったチビ–エルハナニとシェイメイ–ツーリィ（2011）は，対人不安の弱い人より強い人のほうが他者の気持ちに対する共感性が高く，相手の表情からその内面を推測する能力も高いことを見出しています。それは，不安ゆえに相手の反応を注視し，相手の気持ちを配慮することによると考えられます。そのため，対人不安が相手の気持ちに対する共感性を高めるというわけです。

7.4　主体としての自己に迫る

7.4.1　欠如態からの主体の感知

　何かを考え，感じ，そして行動しているのは自分だということはだれもが当たり前のように経験しているところです。主体としての自己を中心に生きているということは，改めて意識することは少ないにしても，そのことを前提にして日々の生活を滞りなく過ごしているといえます。しかし，この主体としての自己は，それを探求すべく向き合おうとするととたんに姿を隠してしまいます。向き合うときに客体としての自己に姿を変えてしまうところに，主体としての自己を研究することの困難があります。

　そこで，真正面から向き合うことをせずに，その不在から主体としての自己の存在に迫るということをしてみましょう。主体としての自己は，それがうまく機能しなくなることにより，その存在が改めて意識されることになります。日頃とくに意識することもなかった自己や自己の世界を理解可能な形にまとめ上げようとする主体的な統合力の存在が，その不在や揺らぎによって鮮明に浮

コラム7-2　主体としての自己の機能に障害が生じたとき①
——離人症の事例

「自分というものがまるで感じられない。自分というものがなくなってしまった。自分というものがどこか遠いところへ行ってしまった。……何をしても，自分がしているという感じがしない。感情というものがいっさいなくなってしまった。……私のからだも，まるで自分のものでないみたい。だれかの別の人のからだをつけて歩いているみたい。物や景色を見ているとき，自分がそれを見ているのではなくて，物や景色のほうが私の眼の中へ飛びこんできて，私を奪ってしまう。……絵を見ていても，いろいろの色や形が眼の中へ入りこんでくるだけ。何の内容もないし，何の意味も感じない。テレビや映画を見ていると……こまぎれの場面場面はちゃんと見えているのに，全体の筋が全然わからない。……時間の流れもひどくおかしい。時間がばらばらになってしまって，ちっとも先へ進んで行かない。てんでばらばらでつながりのない無数の今が，今，今，今，今，と無茶苦茶に出てくるだけで，何の規則もまとまりもない。私の自分というものも時間といっしょで，瞬間ごとに違った自分が，何の規則もなくてんでばらばらに出ては消えてしまうだけで，今の自分と前の自分との間に何のつながりもない。……空間の見え方も，とてもおかしい。奥行きとか，遠さ，近さとかがなくなって，何もかも1つの平面に並んでいるみたい。……とにかく，何を見ても，それがちゃんとそこにあるのだということがわからない。色や形が眼に入ってくるだけで，ある，という感じがちっともしない。」

（木村　敏『自覚の精神病理』紀伊國屋書店）

上してきます。

　このような能動性の体験に異常をきたすものとして，離人症状はわかりやすい例を呈示してくれます。木村（1978）は，離人症の典型的な患者の訴えとして，右のようなものをあげています。統合失調症も，主体としての自己の機能に障害が生じたものと考えられ，何が障害されているかを知ることにより，主体としての自己の通常の機能についての見当をつけることができます（レイン，1961：ブランケンブルク，1971）（コラム 7-2 ～ 7-4 参照）。

7.4.2　主体としての自己の日常的な感知

　主体としての自己の存在やその機能は，次のような諸側面において，間接的ながら日常的に感知されていると考えられます（図 7-9）。

1.　世界を構成する原点として

　知覚体験は，周囲の世界に関する情報とともに，自分自身に関する情報も与えてくれます。たとえば，側壁の模様が前方から後方に向けて流れていくことや，前方の視野が開けていくことは，視点つまりは自分自身が前方に移動していることを感知させます。私たちは，たえず周囲の環境を知覚しつつ行動していますが，知覚されている世界はここにいる自分を原点として構成されているのです。知覚されている世界を構成する原点としての自己というものを体験しているからこそ，環境の知覚像やその変化を手がかりに何不自由なく行動することができるのです。

2.　能動的行為者として

　知覚体験は，知覚する行為者としての自己についての情報をも含みますが，それは同時に能動的に運動する行為者としての自己の体験をも含みます。自分の意思にしたがって視野が変化することが，能動的な行為者としての自己を体験させるのです。この体験は，知覚によるものばかりではありません。私たちは，日常生活の中で，知覚，身体感覚，表象，思考，感情などのあらゆる心的過程において，「私が……している」という能動性を体験しているはずです。それがなければ，日常生活に支障をきたしてしまいます。

3.　世界を意味づける解釈者として

1. 世界を構成する原点として	見たり聞いたりといった知覚体験を通して，自分を原点として世界を構成している。
2. 能動的行為者として	自分の意思による行動で，ものごとを感じたり考えたりしている。
3. 世界を意味づける解釈者として	自分の主観によって，知覚や経験の意味づけが決まってくる。
4. 対人的交渉の当事者として	他者に働きかけている自分と，他者が働きかけている相手としての自分を感知している。
5. 衝動性の源泉として	衝動が自分の内側からこみあげてくることを実感している。
6. 感情性の発露として	日々の中で，喜怒哀楽などいろいろな感情を経験している。
7. 内密性をもつものとして	感覚，経験，考えなどは自分の内部にあり，他の人には直接わからないことを知っている。
8. 同一性をもつものとして	過去も現在も未来も，自分は自分であると感じている。

図 7-9　**主体としての自己の日常的な感知**

　ニュールック心理学は，物理的世界に対する私たちの知覚が欲求などの知覚する側の主観に大きく依存していることを明らかにしました。空腹時には満腹時よりも食べ物が知覚されやすかったり，コインのような価値のある円盤はただの無価値な円盤よりも過大視されたり，同じ人物でも高い社会的地位のもとに紹介されたときのほうが背が高く知覚されたりというように，物理的対象の知覚でさえも主観的な自己の要因が介在することがわかっています（p.18参照）。ましてや，他者の言動など人間的世界の意味づけには，自己という要因がいっそう関与するものと思われます。歴史性を背負う存在として，私たちは時間軸上でも世界の意味づけを行います。過去に経験した多くの出来事の中から，現在の自己の視点から見て適当とみなされるものが選択的に想起され，意味のあるストーリーになるように配列されます。このように主体としての自己は，世界を意味づける文脈として機能するのです。つまり，世界に存在するものはそれを知覚する自己との関連によってのみ意味をもち，想起されるものはそれを想起する自己との関連によってのみ意味をもちますが，これはまさに世界を意味づける解釈者としての自己の機能を指し示すものです。

4. 対人的交渉の当事者として

　私たちは，他者との相互的コミュニケーションの世界に生きています。そうした相互的コミュニケーションは，コミュニケートしている当事者のいずれにも知覚可能です。他者と話している場を想像してみましょう。そこでは，こちらに働きかけてくる他者のコミュニケーション行動が知覚されますが，同時に，その他者に働きかけたり，その他者による働きかけに反応する自分自身のコミュニケーション行動も知覚されます。それにより感知されるのが，他者に対して働きかける主体としての自己の存在であり，他者が働きかけている相手としての自己の存在です。つまりは，対人的交渉の当事者としての自己の存在です。

5. 衝動性の源泉として

　自分自身の内側から突き上げてくる衝動については，これを体験したことがないという人はいないはずです。自分が欲求にしたがって行動したり，時に激しい衝動に突き動かされて行動したり，あるいは突き上げてくる衝動と闘いな

コラム7-3 主体としての自己の機能に障害が生じたとき② ──自分自身の不統一

「ふつうのひとは，自分の存在を構成するこうした基本的な要素を あらためて反省したりはしない。彼は，自分自身や他者を経験する 自分の仕方を〈真実〉だと思っている。ところが，ある種の人々は そうではない。彼らは，分裂病質者と呼ばれることが多い。さらに なお，分裂病者は，自分自身という人間（および他の人々）が，十 分身体化された，生きた，実在の，実体的な，そして持続的な存在 であって，ある時ある場所に，また，別な特別な場所にいても， ずっと〈同一〉人物であるという事実を，当り前のこととは考えな い。このような〈基盤〉が欠けているために，彼は，人格的統一と いう一般的感覚，自分自身が自分自身の行為の主体であってロボッ トや機械や物ではないのだという感覚，自分自身の知覚の張本人で あるという感覚を失い，むしろ逆に，誰かほかの者が，自分の目や 耳などを使用しているのだと感じる。」

（レイン，R. D. 志貴春彦・笠原　嘉（訳）『自己と他者』みすず書房）

がら行動を制御しようと努めたりということは，だれもが経験するところで
しょう。衝動といっても，性的衝動や攻撃衝動のように抑制する必要性の強い
ものばかりではありません。自己実現の欲求に動かされて困難な課題に挑戦し
ているときなども，そこに働いているのは衝動の源泉としての自己の力であり，
私たちはその存在をどこかで感じ取っているのです。衝動がどのようなもので
あって，どこからやってくるのかはよくわからなくても，自分が衝動に突き動
かされているということははっきりと実感できます。そして，自分を動かそう
とする衝動が自分自身の内部から湧き出てくるということは，十分実感できる
でしょう。外部から他人によって動かされているといった感じとはまったく違
うはずです。そこで体験されているのが，衝動性の源泉としての自己です。

6. 感情性の発露として

　私たちは，他者から向けられる評価的言動に一喜一憂し，ものごとがうまく
いけば肯定的感情を経験し，思い通りにいかなければ落胆したり悔しさを噛み
しめるなど否定的感情を経験します。このような感情を生み出す母胎は何なの
かがわからなくても，感情の動きを示している自分というのはだれもが体験し
ているはずです。これは，感情性の発露としての自己の体験といえます。

7. 内密性をもつものとして

　私たちが経験する空腹感や歯の痛みなどは，自分だけのもので他人にはわか
りません。言葉で説明することによって共感してもらうことはできても，その
感覚がそのままに相手に経験されることはありません。自分の感覚は自分の内
側からのみ経験されるものであって，自分の外側から他人が経験できるもので
はありません。感覚だけでなく，考えていることや感じている気持ちも，自分
だけに直接知られているものであって，他人には隠されています。言葉や表情
を通してそれらが外部に部分的に伝わることはあっても，それらを実感できる
のは，こちら側にいる自分だけです。私たちの経験には，そのような自分の内
側といった感じが伴います。このような他人にはわからない世界をもっている
ことが，内密性をもつものとしての自己の存在を感知させます。

8. 同一性をもつものとして

　私たちは，毎日のように同じ道を歩いたり，同じ場所に通ったり，特定の人

コラム7-4　主体としての自己の機能に障害が生じたとき③ ——自明性の喪失

「私に欠けているのは何なんでしょう。ほんのちょっとしたこと，ほんとにおかしなこと，大切なこと，それがなければ生きていけないようなこと……。家でお母さんとは人間的にやっていけません。それだけの力がないのです。そこにいるというだけで，ただその家の人だというだけで，ほんとにそこにいあわせているのではないのです。……なにもかも人工的になってしまいます。なにもかもなくしてしまわないように，いつも気をつけていなくてはならなくなったのです。……私にはごく簡単な日常的なことがらについてもまだ支えが必要なのです。私はまだほんの子供で，まだ……自信がもてないのです。」

「私に欠けているのは，きっと自然な自明さということなのでしょう。」

「私には基本が欠けていたのです。だからうまくいかなかったのです。」

「ほかの人たちはそういうことで行動しているんです。そしてだれもがともかくもそんなふうにおとなになってきたのです。考えたり，行動の仕方を決めたり，態度を決めたりするのも，それによってやっているんです……。」

「私にはそれがあたりまえのこととしてはできないのです。なにか変な感じなのです。無理をしなくてはならないのです。それで私の心がだめになってしまう，すっかりくたびれてしまいます。」

「私にはなにかがやっぱり不足しているって感じ。疑問に答えられないっていうんじゃなくて，立場がないみたいな，全く個人的に落ち着かない気持です。自分で自分が頼れない，ものごとに対するちゃんとした立場がもてないのです。篭を編む作業はできても——それはたったの一面だけですから——ほかの人のように心からそこにいあわせて仕事にはいりこむこと——つまり心に落ち着きをもって，自分というものをしっかり保つというもう一方の面が私にはないのです。いつも，大切なことを忘れているみたい。なにもかもとてもあけっぱなしで。私にはいろんなことをこなして行く力がないのです。（いろんなものに曝されているってこと？）ええ，ほかの人よりずっと。だからものごとがきちんとしない。自分をいろんなことにあわせることができないんです。」

「私はいろいろなものとの関係をなくしてしまったのです。」

「現実のうちにとどまることがとてもむつかしいのです。毎日毎日，新たに，はじめからやりなおさなければなりません。」

（ブランケンブルク，W.　木村　敏他（訳）『自明性の喪失』みすず書房）

と親密なやりとりを繰り返したり，別の人とは敵対的なやりとりを繰り返すなど，物理的環境や人間的環境と恒常的な関係を維持しています。こうした環境との安定的なやりとりは，ほぼ自動化していますが，その背後には環境をいつも一定の仕方で意味づけようとする傾向性がなければなりません。自分の内面性に関しても，自己の同一性はたえず実感されています。今日の自分が昨日の自分と同じ自分であること，10年前の自分とも20年前の自分とも同じ自分であることを，当たり前のこととして実感しています。そうした実感がなければ，日常生活がうまく進行しません。そこで体験されているのが，同一性をもつものとしての自己です。

7.5 物語的文脈としての自己

7.5.1 物語として自己をとらえる

自分とは何かという問いに対して，所属・社会的地位，容姿・容貌といった外見的特徴，対人関係の特徴，性格的特徴，学業能力，運動能力など，自己のさまざまな側面の特徴を答えることができます。でも，こうした個々の特徴をいくら並べ立てても，ここに個性をもって生きている自分というものに迫れた感じがしません。

そこで，自分とは一つの生き方であるとみなすことにしましょう。そうすると，自分とは何かという問いは，自分はどのような生き方をしているかという問いに形を変えます。そこでは，自分のもつ特徴を箇条書き的にあげていく代わりに，自分の人生を振り返って具体的なエピソードを交えつつ人生の流れを説明することになります。そこに浮上するのが，無数の過去経験の中から特定のエピソード群を選択的に想起し，それらに一定の意味づけを与えつつ，一つの流れをつけて配列していく働きです。これが，自己物語の文脈の力です（コラム 7-5）。

私たちは，日々新たな経験を重ねていきますが，個々の出来事は私たちが採用している自己物語の文脈に沿って意味づけられ，自分史の中に書き加えられます。私たちは，自分をわかってもらいたい相手に対しては，無数の過去経験

コラム7-5 物語として自己をとらえる

……僕たちには自分の人生をある物語的文脈に沿って綴るといった習性がある。

たとえば，激しい家庭内暴力を起こしたある高校生の事例をみると，勉強がよくできる優等生，難関高校から有名大学に進み，明るい将来が保証されているエリートとしての人生を歩んでいる自分という自己物語を生きていたであろうことが，明らかにうかがえる。

小学校時代はこの自己物語にふさわしい現実を生きていたけれども，優秀な子ばかりが集まる中学に進んでからは，優等生としての自己物語と矛盾する試験結果を突きつけられる機会が増えてきた。それでも，はじめのうちは今回は運が悪かった，勉強が足りなかった，体調が悪くて気分がのらなかったなどと，ごまかしごまかし自己物語を維持することもできた。でも，高校に上がって成績がさらに低下してくると，どうにも言い訳ができない状況に追い込まれてしまった。

こうなると，優秀なエリートとしての人生を歩む自分という自己物語は，目の前の現実に対処する力を失って，ついには破綻する。自らの行動を方向づける自己物語を失った者は，現実を前になすすべなく混乱するばかりとなる。

ある一定の文脈のもとでは納得のいく意味をもっていたはずの，過去の一連の流れをもった出来事群が，無意味な出来事のただの羅列と化してしまう。優秀なエリートとしての自己物語を生きていたときには確かな意味をもっていた小学校時代の夏休みの勉強の特訓も，今やその意味がわからなくなってしまった。そこで，みんなが楽しく遊んでいるのに塾に通い続けた自分の夏休みは何だったんだ，僕の夏休みを返してくれと親に迫り，暴力を振るうことになる。

僕たちは，自分の生きる物語，つまり自己物語の文脈に沿って，ものごとを解釈し，自分の身のまわりの出来事や自分自身の経験を意味づけ，自らのとるべき行動を決定していく。一定の物語的枠組みがあるからこそ，僕たちは日々の出来事を意味あるものとして経験することができるのだ。

身のまわりの出来事や自身の経験を意味づける枠組みとして機能する自己物語をもつことで，僕たちの世界は安定する。一定の文脈をもつ自己物語のおかげで，日頃の行動にも比較的安定した一貫性が与えられることになる。

（榎本博明『〈ほんとうの自分〉のつくり方』講談社）

の中から，自分が今採用している自己物語の文脈にふさわしいものを選択的に
想起し，それを語ります。自分をわかってもらうということは，自分が生きて
いる自己物語の文脈を知ってもらうことだからです。

　榎本たちは，自己すなわち個人の生き方の特徴をとらえるための面接法とし
て自己物語法を考案し，事例の収集を行っています（榎本，2001；榎本・横井，
2001；横井・榎本，2001；横井たち，2001）。表7-4は青年から高齢者に対し
て榎本が行った自己物語法の面接データの一部を示したものです。

7.5.2　語りと自己の社会性

　私たちが自己についてだれかに語るときのことを考えてみましょう。語りと
いうのは，聞き手にわかってもらわなければ意味がありません。そこで，自己
を物語るときには，聞き手の理解の枠組みに合わせて語ることになります。私
たちは，どのエピソードを話すか，どのような調子で話すか，どの程度詳しく
話すかなどを，聞き手の反応をモニターしながら判断します。聞き手の反応に
よっては，話の枠組みや素材が変えられたり，詳細が省略されたり，逆に勢い
よく詳細が語られたりします。その結果，語られる自己物語は，聞き手の理解
の枠組みを取り入れたものになっていきます。

　聞き手の納得しない自己物語は，妄想に似た歪んだ解釈とみなされ，社会的
承認が得られません。聞き手の共感を呼び，承認が得られることで，自己物語
の妥当性が保証されるのです。このようにして語られる自己物語は，語り手が
自由に語っているように思われがちですが，じつは語り手と聞き手の相互作用
を通して生み出されているのです。

　そして，このような語りのプロセスを経て，社会的に承認された自己物語が
構築されていきますが，そのような社会的承認が得られた自己物語の構築が自
己が社会性を帯びるということでもあるわけです。このところ指摘される若者
の社会性の乏しさというのは，人間関係の希薄さによる自己を物語る場の喪失
によって，社会的に承認の得られた自己物語を構築できないことを意味してい
ると見ることもできます。他者との語り合いを通して社会的に承認を得た自己
物語，すなわち自己と社会をつなぐ自己物語を構築することが求められるので

表 7-4 自己物語の構成要素

	今の自分にとって大事だと思われるエピソード
1. 19歳 女性	英語を習いはじめてから，私はずっと英語という教科が好きで，高校に入るときも英語に力を入れているところを選んだ。大学受験でも，外大に行きたかったが，落ちてしまった。落ちたという事実が歴然としてあるのだが，落ちたことによって，私の中に「編入するぞ」という強い意志が出てきて，今は人一倍がんばろうという気持ちでいっぱいだ。英語関係の資格もたくさん取ろうと思っている。もしすんなりと大学に合格していたら，それ以上の努力はきっとしなかったと思う。
2. 30歳 女性	高校2年の時，入院するような病気に初めてかかった。初めての入院生活で不安だったが，何とか3週間で退院できた。その後，通学していたが，また再発して再入院となった。それからが人生最大の辛い時期だった。薬の副作用でイライラするし，それに加えて長期入院になり留年するかもしれないという不安もあった。体調も思わしくなく，毎日死ぬかもしれないという恐怖，不安，苛立ちの中で過ごした。そんな中，入院していた病棟の看護師さんとの出会いが，今の自分にとって大事な出来事になった。ある時，治療にも，精神的苦痛にも疲れ果てたとき，外泊を許された。その日にもらったある看護師の手紙を14年たった今も大切に保管している。これを読んで，私は心から励まされ，人の温かい気持ちを知った。そして，看護師という仕事がとても大切で素晴らしいものだということを実感した。それがきっかけで看護師になることを決意した。
3. 69歳 女性	嫁に来たとき，継子が2人いて，大変だった。なかなかなつかず，私をのけ者にした。何とか溶け込もうと，その日その日が一生懸命だった。子どもたちから自分の親じゃないと言われたり，いじめてないのに近所の人から継子いじめしてるって言われたり。その頃の辛さが，今も忘れられない。幼稚園児と小学校低学年だったその子たちが中学生になった頃から，ようやく慣れてきた。今は，子どもができて親のありがたみがわかった，お母さんの面倒は私が見るからと言ってくれる。自分の腹を痛めた子よりも，その子のほうが良くしてくれる。自分でも，そっちのほうへ頼っていく。継子ながら，私にほんとうに良くしてくれる。この頃は，2番目の継子の娘が，私の面倒をよく見てくれる。

すが，それができないのです。現代の若者に見られる引きこもり傾向は，自己
と社会をつなぐ社会的に承認された自己物語を構築することができず，社会性
に欠けた自己中心的な自己物語を抱えこむことによると考えられます。

7.5.3　自己物語による人生の統合と転機の乗り越え

　自己を語ることには，個々の経験に意味づけをする機能だけでなく，複数の
経験の間に因果の連鎖や目的論的な連鎖をつくり，一貫した意味の流れのもと
に自己の諸経験を統合的に理解することを促す機能があります（カー，1986；
榎本，1999，2002b；パルス，2006）。カー（1991）は，私たちは過去経験を
熟慮し，未来を予想し，その両者の間の通路として現在を見るとしています。
また，ヘイニネン（2004）は，私たちが自分自身に語るストーリーには，過去
の意味の理解を促し，未来の展望を提供し，個人の物語的アイデンティティを
定義し，価値観や倫理基準を明確化し，情動の調節を助ける機能があるとして
います。このように，私たちは自己を語ることによって時間軸上に諸経験を位
置づけています。すなわち，自己を語ることには，因果論や目的論によってさ
まざまな経験を時間軸上に位置づけることで過去から現在に至る自己形成史の
流れを理解し，その延長に未来を展望することを可能にする機能があります
（図 7-10）。これを自己を語ることの**統合化機能**といいます（榎本，2008b）。

　自己物語は，新たな経験を取り込みつつ日々更新されます。その際，新たな
経験はすでに存在する自己物語の枠組みに沿って解釈されて組み込まれるため，
自己物語自体にはそれほど変化は生じません。すでに抱えている自己物語の枠
組みにうまく収まらない経験は，可能な限り無視されたり，都合よく歪められ
て取り込まれます。現に，機能している自己物語の枠組みにうまく収まる出来
事はよく想起されますが，矛盾を引き起こす可能性のある出来事はあまり想起
されません。このような選択的知覚や自己中心的解釈，選択的想起の働きによ
り，自己物語は安定を保つことができるのです（図 7-11）。

　しかし，自己物語にうまく取り込めないが無視することもできない現実を突
きつけられることがあります。たとえば，優等生の自己物語を生きていたのに
悪い成績を取ることが度重なる場合や，恋人の態度がどう見ても素っ気なく

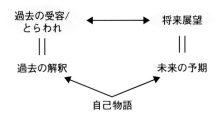

図 7-10　**自己物語によって時間軸上で構造化される私たちの人生**
（榎本，2008b）

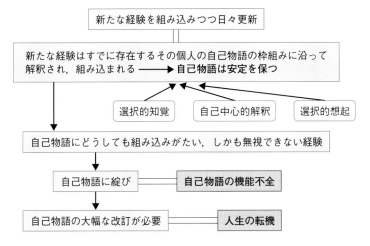

図 7-11　**自己物語の安定性と人生の転機**（榎本，2008b）

なってきたときなどです。はじめのうちは都合よく歪めて解釈していても，その うち目の前の現実と自己物語との間の亀裂を認めざるをえなくなることがあります。そのようなときは，日々の更新とは別に，自己物語の大幅な改訂が必要となります。それが人生の転機です。

●参考図書

榎本 博明（1998）．「自己」の心理学──自分探しへの誘い──　サイエンス社

　自己に関する心理学的研究の理論的枠組みから実証的研究までをわかりやすく解説し，自己心理学という新たな領域を体系づけようとしたものです。

榎本 博明（2002）．〈ほんとうの自分〉のつくり方──自己物語の心理学──　講談社（講談社現代新書）

　私たちの自己のアイデンティティは物語形式をとるとする立場から，自己物語の心理学について解説し，自分探しから自分づくりへの転換を唱えます。

船津 衛・安藤 清志（編著）（2002）．自我・自己の社会心理学　北樹出版

　社会学および実験社会心理学の立場から，自己についての基本的な理論や最新の研究動向を解説したものです。

柏木 惠子（1983）．子どもの「自己」の発達　東京大学出版会

　自己については精神分析的な説明は多くなされても実証的な研究は少なかったとする著者が，実証的な研究データを駆使して自己の発達について解説しています。

榎本 博明（2018）．「対人不安」って何だろう？──友だちづきあいに疲れる心理──　ちくまプリマー新書

　友だちといると楽しいのだけど，なぜか疲れる。そんな心理について，「対人不安」と「人の目」をキーワードにわかりやすく解説しています。

土居 健郎（2001）．続「甘え」の構造　弘文堂

　自己と他者のかかわりを考えるうえで，私たち日本人にとって重要な鍵を握る「甘え」という概念について，文学作品を例にあげたりして，わかりやすく論じています。

鑪 幹八郎（監修）宮下 一博・谷 冬彦・大倉 得史（編）（2014）．アイデンティティ研究ハンドブック　ナカニシヤ出版

　私たちの生き方について考えるうえで重要となるアイデンティティについて，その心理学的研究の意義や方法，研究の実際などについて体系的に解説しています。

家　　族

　家族のあり方が問われる時代になりました。価値観やライフスタイルが多様化したのに伴って，一口に家族といってもさまざまな形態が見られるようになってきました。家族の形態も個性化してきたということでしょう。でも，こうあるべきという形がはっきり決まっていれば迷いは少ないのですが，それぞれの家族の価値観によって自由にしてよいとなると，どうしたらよいのかわからなくなってしまいます。そのあたりに今日の家族に見られる混迷の一因があるように思われます。ただし，家族というものには，時代の流れの中で消えてしまうことのない，基本的な部分というのがあるはずです。昨今の家族をめぐる葛藤を見ると，自由な雰囲気の中で，そうした基本的なところを見失っているケースが目立つように思われます。

8.1　家族というシステム

8.1.1　家族を 1 つのシステムとしてとらえる

　家族心理学は，システムズ・アプローチを採用することによって 1980 年代に誕生した心理学の新たな分野です（このところ一部で物語的アプローチも取り入れられつつあります）。システムズ・アプローチでは，家族を 1 つの有機体，つまり生き物のように扱います。システムというのは，相互に依存し合う構成要素から成り立っているため，特定の構成要素の変化はほかの構成要素の変化を引き起こし，その結果としてシステム全体の変化をもたらします。

　これを家族に当てはめて，家族というのは，個々の家族成員同士の相互関係によって成り立っている生きたシステムであるとみなします（図 8-1）。家族という全体のシステムの中には，父親（夫），母親（妻），息子，娘などの構成要素があり，夫婦，親子，きょうだいなどのサブシステムがあります。そして，個々の構成要素の間にどんな相互関係が成り立っているか，どのようなサブシステムが構造化されているか，サブシステム間にどのような関係が成り立っているかといったことが問題にされます。ある構成要素に問題が生じた場合も，ほかの構成要素や構成要素間の関係が変化したり，サブシステム同士の関係が変化したりすることによって，家族全体のシステムが変わり，その結果として問題となっている構成要素にも変化が生じると考えるのです。

　たとえば，非行を重ねる子がいるとして，それをその子個人の問題ととらえるアプローチに対して，家族というシステム全体の問題としてとらえようとするのです。どこに問題の根があるかは個々の事例によりさまざまですが，夫婦というサブシステムに問題があるかもしれませんし，父子とか母子というサブシステムに問題があるかもしれません。あるいは，祖父と父とか祖母と母というサブシステムに問題があるかもしれません。いずれにしても，家族という 1 つのシステムの構成要素である一人の人物に生じた問題は，一個人の問題とみなすのでなく，システム全体の問題とみなすのです。したがって，問題の解決も，問題となっている非行少年個人をどう変えようかと考えるのでなく，ほかのメンバーも含めたすべての家族メンバーやメンバー間の関係に変化をもたら

図 8-1 システムとしての家族

すことで，問題の解決を図ろうと考えます。

　また，家族というシステム全体の発達も，個人の発達と同じように考慮されます。これについては，8.2でとりあげます。

8.1.2　境　　界

　境界とは，システムやサブシステムを区切る仕切りを意味します。たとえば，家族全体のシステムと社会あるいは周囲のほかの家族システムとを仕切る境界があります。また，両親のサブシステムと子どもたちのサブシステムの間には，世代による境界があります。父と息子というサブシステムと母と娘というサブシステムの間には，性別による境界があります。もちろん，父と娘というサブシステムと母と息子というサブシステムが形成されている場合にも，両者を仕切る境界があることになります。

　境界がとくに問題となるのは，境界が極度に堅固で相互作用が生じにくい**遊離状態**と，境界が極度に不明瞭で自他の区別がない**未分化状態**です（図8-2）。

　遊離状態とは，家族のメンバー間やサブシステム間の境界が強固で相互に浸透しにくいことをさします。近所づきあいも親戚づきあいもなく，親子ともども友達づきあいがほとんどないような家族は，社会との間に強固な壁があり，社会との関係において遊離状態にあることになります。子どものしつけをはじめとして家庭のことはすべて妻に任せて，職場の人間関係にどっぷり浸かり夜も休日もめったに家にいない夫は，妻や子どもとの間に強固な壁を築いており，ほかの家族メンバーとの関係において遊離状態にあるといえます。

　未分化状態とは，家族メンバー間やサブシステム間の境界が不明瞭で，相互の自立性が低く，互いに強く依存し合っていることをさします。結婚してからも実家の母親から心理的に自立することがなく，何かにつけて実家の母親に相談したり愚痴をこぼしたりと心理的に依存しつづける妻の存在は，夫婦というシステムと実家というシステムとの間の境界を未分化にしてしまいます。母親が子どもを自分の分身のようにみなし，一心同体のような反応を子どもに期待し，子どももその影響で母親からの自立性が極度に乏しく，相互に自他の区別がついていないような共生状態では，両者の境界は不鮮明で，未分化状態にあ

図 8-2 家庭で問題となる境界の例

るといえます。

　一般には，ある家族メンバー間あるいはサブシステム間の境界が遊離状態にあるとき，別のメンバー間あるいはサブシステム間の境界が未分化状態にあったりします。たとえば，母子密着，父親の心理的不在などといわれる状況は，母親と子どもの間の境界が未分化で，母子で形成されるサブシステムと父親との境界が遊離しているとみなすことができます。

8.1.3　連　　合

　連合とは，第三者に対抗するために二者が協力するプロセスをさすもので，家族システムのメンバー同士の間に見られる対抗や協力の関係の図式を表すのに用いられる概念です。

　平木（1999）は，グリックとケスラー（1980）による家族連合の類型を参考にして，典型的な5つの連合を図示していますが，それを筆者がさらに改変し7つの連合を図示したのが図8-3です。この図のAは，夫婦間の連合が強力で，親世代と子世代の世代間境界が確保され，すべてのコミュニケーション・チャンネルが等しく機能している望ましいタイプです。Bは，夫婦間の連合が欠けているか非常に弱く，父親─娘，母親─息子といった世代と性を交差した強力な連合があり，それら二者間以外のコミュニケーション・チャンネルは閉ざされており，家族システムが2つのサブシステムに分裂し，全体として機能していません。父親─娘，母親─息子といった連合を，父親─息子，母親─娘といった世代を超えた同性の連合に置き換えたのがCで，Bとまったく同様の機能不全の家族システムとなっています。Dは，母親は子世代のそれぞれと連合を形成しており，子どもたち相互のコミュニケーションもうまく機能しているが，夫婦間のコミュニケーション・チャンネルや父親と子どもたちのコミュニケーション・チャンネルは閉ざされており，父親が家族の中で孤立し，夫婦間の連合も世代間の境界も見られない問題をはらんだタイプといえます。EとFは，母親が子どもたちのどちらかととくに強力な連合を形成して密着状態にあるタイプで，Dと同様の問題をはらんでいます。Gは，夫婦間には強力な連合があり，子ども同士のコミュニケーション・チャンネルも開かれていますが，

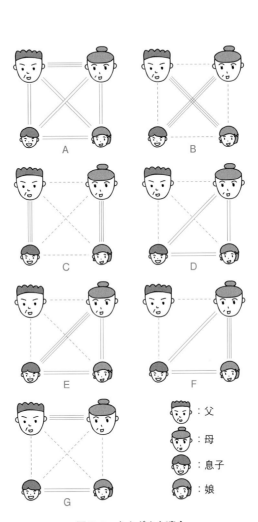

図 8-3　さまざまな連合

親世代と子世代との間のコミュニケーション・チャンネルが閉ざされており，世代間に亀裂があって，親としての子に対する役割が機能していないタイプといえます。

　問題となる連合の仕方の代表的なものに，固着した連合，迂回連合，三角関係化があります（図8-4；平木，1999）。

　固着した連合とは，家族システムのあるメンバーがほかのメンバーに対抗して連合し，そのパターンが固定化し，柔軟な対応ができなくなる状態をさします。先の図8-3のBに見られる父親—娘，母親—娘といった連合やCに見られる父親—息子，母親—娘といった連合，Dに見られる母親—息子—娘といった三者連合などがそのよい例です。

　迂回連合とは，二者間のストレスを緩和するために，第三者を自分たちを悩ます問題の原因として攻撃したり，共通の関心を向ける目標としたりすることです。たとえば，夫婦の間がうまくいっていないとき，子どもが非行や不登校などの問題行動を起こすと，両親は子どもの問題行動という共通の関心事，それも親として力を合わせて取り組まねばならない問題を抱えることになり，それによって夫婦間の葛藤を棚上げすることができます。これをシステム論的に見れば，子どもの起こした問題行動は夫婦間の葛藤の緩和に役立っているということができます。

　三角関係化とは，対立する二者それぞれが共通の第三者を自分の味方にしようとすることです（図8-5）。標的とされた第三者がどちらか一方に味方して固着した連合を形成することもあれば，そのときどきでどちらかに味方するというよくいえば臨機応変の対応をすることもあります。たとえば，関係がうまくいっておらず互いに相手を攻撃し合っている夫婦が，それぞれに子どもを味方にしようとして配偶者の悪口を子どもに吹き込もうとするケースなどがあります。そのような場合，一般に子どもと過ごす時間が圧倒的に多い母親に軍配が上がり，母親—息子あるいは母親—娘といった連合が形成され，それが固着して父親が孤立し家族の中に安定した居場所をなくすといったことになりがちです。

A. 固着した連合   B. 迂回連合   C. 三角関係化

図 8-4　問題のある連合 (平木, 1999)

いずれの場合もシステムの連合はあいまいとなり，世代を超えた母―息子（娘）の
サブシステムと父親との対抗という形となりやすい。

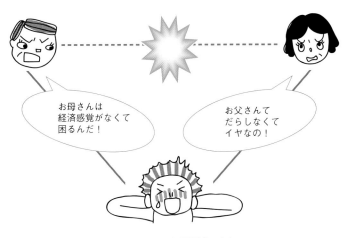

図 8-5　三角関係化の例

8.1.4　相互作用的な見方

　システム論の立場から見ると，システムの各構成要素は，ほかの構成要素との相互作用の上に成り立っています。ある構成要素に変化が生じると，それは相互作用を通してほかの構成要素に影響を及ぼし，システム全体も変化します。

　このような見方を家族システムに当てはめると，ある子どもに生じた問題は，家族メンバー全体の相互作用の中でつくられたということになります。母原病などといういい方が流行ったこともありますが，子どもに何らかの問題が起こると，子どもの養育の主な担当者であり日頃一緒に過ごすことの多い母親にその責任があるとされがちです。つまり，母親の養育態度が原因で，子どもに生じた問題行動が結果だという見方です。そこでは，母親の育て方が原因で子どもに問題が生じたので，子どもが変わるためには母親が変わらなければいけないということになります。これに対して，家族をシステムとする見方では，子どもの問題行動の意味を母子の二者関係に還元するようなことはせず，家族システム全体の問題としてとらえようとします。

　親の養育態度が子どもの性格を決めるという前提で親の養育態度に関する多くの研究が行われているのに対して，ベル（1968）は，親の養育態度は子どもの気質によって決まるのであって，親の養育態度と子どもの性格との相関はこれまで常識とされてきた方向とは逆に解釈すべきだといいます。それは極端な見方だとしても，双方向の流れを想定するのがシステム論的な見方です。たとえば，母親がこと細かに子どもに指図し，子どもが母親に依存しきって自発的に動こうとしないといった母子がいたとします。このようなケースに関して，母親があれこれ指図しすぎるから子どもが自発性の乏しい受け身の性格になったという因果の流れも否定できません。しかし，子どもが放っておいても自分から動く子だったら黙って見守ることもできたけれども，もともと放っておくと自分から動くことのない受け身の子だったから，どうしてもあれこれ指図したり手を貸したりせざるをえなかったというような，子から親に向けての因果の流れも否定できません。つまり，母親から子，子から母親という双方向の因果の流れがありうるわけです（円環的因果律ともいいます。図8-6）。

　このような見方に加えて，二者関係だけに還元しないのが，システム論的な

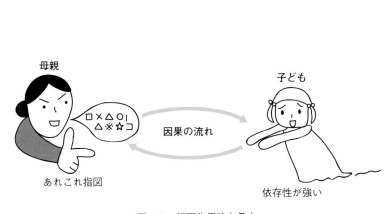

図 8-6 相互作用的な見方

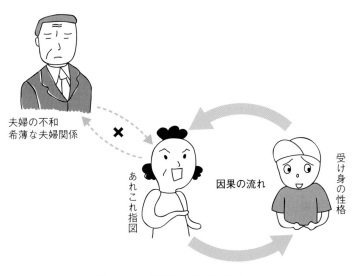

図 8-7 二者関係だけに還元しない

見方です。たとえば，子どもに生じた問題に母親の態度が絡んでいたとしても，そこには夫婦関係のあり方が関係しているかもしれません。母子密着の背後に，夫婦関係の不和や密度の薄さがあるというのがその典型です（図8-7）。その場合，父親は母親を通して子どもの問題行動の発生に関係していることになります。

　さらには，因果の流ればかりをたどるのではなく，目的論的な見方をとることもあります。先の例のように母子密着の子どもに問題行動が生じたケースで，その背後に夫婦関係の密度の薄さや夫が家族に対して父親役割を果たしていないといった事情が潜んでいるようなケースにおいて，子どもが深刻な問題を起こすことによって，夫婦が頻繁に話し合ったり，力を合わせて解決に向けた行動を起こしたりする必要が生じたとします。その結果として，それまでほとんど向き合って話すようなことのなかった夫婦が密にコミュニケーションを交わし，久方ぶりに共通の目標に向けて力を合わせることを経験し，仕事一辺倒で家族のことなど省みなかった夫が父親としての役割を意識し始めたとしたら，子どもの起こした問題行動には，歪んだ家族システムをより健全な方向に向けて変革するという意味があったと見ることができます。このようなとらえ方は，母親に原因を求める単純な見方に比べて，家族全体をよりよく機能する方向にもっていくのに有効であるのは明らかでしょう。

8.2　家族の発達段階

　個人の発達段階論と同様に，家族の発達を段階論的にとらえるという見方があります。家族の発達をいくつかの段階に区切り，それぞれの段階ごとに家族が達成すべき固有の課題があると見るのです。

　カーターとマクゴルドリック（1980）の家族発達段階論では，発達段階の移行にはシステム自体の変化，つまり第2次変化（システム理論では，システム内の変化を第1次変化，システムそのものの変化を第2次変化といいます）が必要であるとします。特定の発達段階内での問題は第1次変化で解決できますが，家族システムが次の段階へと移行しつつある状況ではシステム自体の変化

表 8-1　**家族システムの発達段階と各段階における主要な課題**
(Carter & McGoldrick, 1980 ; 岡堂, 1999)

段階	時期	心理的な移行過程	発達に必須の家族システムの第二次変化
1	親元を離れて生活しているが，まだ結婚していない若い成人の時期	親子の分離を受容すること	a. 自己を出生家族から分化させること b. 親密な仲間関係の発達 c. 職業面での自己の確立
2	結婚による両家族のジョイニング，新婚の夫婦の時期	新しいシステムへのコミットメント	a. 夫婦システムの形成 b. 拡大家族と友人との関係を再編成すること
3	幼児を育てる時期	家族システムへの新しいメンバーの受容	a. 子どもの誕生に伴い夫婦システムを調整すること b. 親役割の取得 c. 父母の役割，祖父母の役割を含めて，拡大家族との関係の再編成
4	青年期の子どもをもつ家族の時期	子どもの独立をすすめ，家族の境界を柔軟にすること	a. 青年が家族システムを出入りできるように，親子関係を変えること b. 中年の夫婦関係，職業上の達成に再び焦点を合わせること c. 老後への関心をもち始めること
5	子どもの自立と移行が起こる時期	家族システムからの出入りが増大するのを受容すること	a. 二者関係としての夫婦関係の再調整 b. 親子関係を成人同士の関係に発達させること c. 配偶者の親・兄弟や孫を含めての関係の再編成 d. 父母（祖父母）の老化や死に対応すること
6	老年期の家族	世代的な役割の変化を受容すること	a. 自分および夫婦の機能を維持し，生理的な老化に直面し新しい家族的社会的な役割を選択すること b. 中年世代がいっそう中心的な役割を取れるように支援すること c. 経験者としての知恵で若い世代を支援するが，過剰介入はしないこと d. 配偶者や兄弟，友人の死に直面し，自分の死の準備をはじめることライフ・レビューによる人生の統合

が必要となるというのです。そのような観点から，6つの発達段階と，それぞれの段階における主要な課題があげられています（表8-1）。

　岡堂（1999）も，同様に家族の発達を6つの段階に分ける家族発達段階論モデルを提示していますが，カーターとマクゴルドリックの第1段階を外し，第3段階を2つの段階に分けています。

8.3　家族関係の病理

8.3.1　家庭内暴力

　家庭内暴力というと，欧米では親から子への暴力（虐待）や夫から妻への暴力をさすのが一般的ですが，日本ではふつう子どもから親や祖父母への暴力をさします。ここでは，そのような両親や祖父母に対する子どもの暴力について見ていきましょう（図8-8）。

　非行傾向のある子が家庭の内外で暴力を振るうという形態もありますが，とくに現代的な問題となっているのは神経症的なタイプの家庭内暴力です。つまり，日頃から非行とは無縁で，むしろまじめでおとなしいほうの子が，思春期になって家族に対して暴力を振るうようになるというものです。

　暴力の対象は，多くが母親です。もともとが内気でおとなしい子の反乱なので，その暴力はあくまでも家庭内にとどまり，友だちや近所の人に暴力を振るうというようなことはふつうはありません。

　コラム8-1は，有名な家庭内暴力事件の事例です。この少年は，小学校時代はずっとトップクラスの成績でしたが，特別優秀な子ばかりが集まる難関中学に進んでからは成績が思うように上がらず，しだいに焦りが募っていったようです。中学の終わり頃から成績が低下し始め，それと同時に母親に対して反抗的となり，なんとか続いている高校に進学できたものの成績は相変わらずで，高校2年になった頃から母親に対する暴力がひどくなってきたようです。話し合おうとしても，「お前たちのために夏休みをつぶされた。夏休みはもう戻ってこない。これをどうしてくれるのだ」「もう遅い。もとの身体に返せ。青春を返せ。人生を返せ。めちゃめちゃにしたのは親なのだ」などとわめきながら

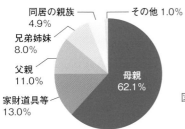

図 8-8　少年による家庭内暴力の対象別状況
（平成 29 年）
（平成 30 年版警察白書より作成）

コラム8-1　ある家庭内暴力の事例

　被害者となった少年は，小学校時代ずっとトップクラスの成績であったが，優秀な子が集まる開成中学に進んでからは思うように成績が上がらず，とくに中学2年の終りごろから成績が落ちはじめ，かなりあせっていたという。そのころから次第に母親に対して反抗的となり，何とか開成高校に進学できたが，高校2年になったころから母親に対する暴力がひどくなってきた。話し合おうとしても「お前たちのために夏休みをつぶされた。夏休みは，もうもどってこない。これをどうしてくれるのだ」「もう遅い。もとの身体に返せ。青春を返せ。人生を返せ。めちゃめちゃにしたのは親なのだ」などとわめきながら殴りかかってきたという。その当時のようすを，この事件の二審判決を目前に控えた昭和54年2月下旬のある新聞記事にみてみよう。

　　学校ではむしろおとなしいほうのＡが，帰宅するやいなや，まず大声で泣く。「外で人を殺したい気持ちをがガマンして抑え，やっとの思いで帰るので泣くのだ」とＡは説明した。そして泣き終わると大暴れが始まる。手あたり次第にものを投げつけ，家族を殴り，けとばす。……攻撃は主として在宅の母親と祖母に向けられた。洗面器で10杯くらい頭から水をかけてグショぬれにしたり，寝ているときにフトンをはいで外に投げ，部屋中に水をまいて眠れなくする。外へ逃げだしても追いかけてきて水をかける。破壊の音や叫び声が毎日のように近所の家まで聞こえ，ものに火をつけて戸外へ投げるようすもみられた。それが何カ月もつづく。「事件の数日前には包丁をかざして父親に切りかかり，サラで頭を殴って負傷させたため，パトカーを呼んで精神病院に収容しなければならなかった。」（「朝日新聞」昭54・2・21）

　そして事件当夜，このままでは妻が殺されるか重傷を負うか発狂するしかない，息子も犯罪を犯すか発狂するかしかないのではないか，と思い，家族の将来を悲観した父親が，睡眠薬を飲んで寝ついた息子を絞め殺した。妻と共に心中を決意したが死に切れず自首した。その後昭和53年7月2日，妻は夫への寛大な二審判決を願う遺書を残して，息子の部屋で首をつって自殺している。

（榎本，1987 より）

殴りかかってきたということです。

　ここには，自己物語の崩壊に伴う心理的危機が明らかに見られます。自己物語論から見れば（6章および7章参照），成績優秀な自分というのを核に据えた明るい将来展望を伴う自己物語を生きてきたときには意味をもっていた夏休みの猛勉強が，そうした自己物語が崩壊したときにはまったく無意味なものになってしまうという事態が如実に表されています。ここで求められるのは，成績のよくない自分という現実を受け入れられるような新たな自己物語の構築ですが，それがなされるまでは心理的混乱が続き，不安や焦燥感に苛まれます。

　家庭内暴力を起こす子の家庭には，母子密着，父親不在といった傾向がよく見られます。取り越し苦労が多く，子離れできず，子どもを甘やかし，何でも要求をかなえてやる代わりに，過剰な期待をかけ，干渉する過保護型教育ママのような母親と，まじめに働き経済的には父親としての役割を果たすものの，夫婦関係・父子関係いずれを見ても家庭での存在感が薄く，子どものしつけも母親に任せっぱなしで，自分は傍観者的な立場を保つといったタイプの父親の組み合わせが典型的です。父親の家庭内での影の薄さは，夫婦関係の希薄さと関係しているとも考えられますし，子育てなど家庭内の親役割と経済力を得るための外での仕事とのバランスを調整するのに失敗しているとも考えられます。いずれにしても，父親の存在感の薄さは，母子密着を伴うのがふつうです。

　こうした問題の解決には，問題となる子をどうするかということばかりに目を向けるのでなく，両親を含めた家族全体の関係の調整や，個々の家族メンバーの役割の引き受け方の調整が必要となります。両親それぞれの人生観が問われることにもなります。そのために，親自身が自分の人生を振り返り，わが子の出生から現在に至る子どもの，また自分自身の状況的変化や心理的変化をたどってみるということも大切です。表8-2は，筆者が親を対象とした子育てセミナーの場において，子どもの出生以来の子どもと自分の歴史を簡単に振り返ってもらったものの一例です。

8.3.2　夫婦間暴力

　夫婦間暴力とは，夫から妻，あるいは妻から夫への身体的暴力のことです。

表8-2 親子の相互理解と家族間コミュニケーションを促進するために
筆者の用いている自己物語法

（略）

わが子の誕生

a わが子が生まれたとき，あるいは初めて対面した時に感じたこと，思ったこと，考えたこと

少し小さかったので，健康に育ってほしいと思った。

b その頃の自分の生活状況

長女が病気がちで，また両親と同居していた。

幼児期のわが子

a その頃のわが子の印象

夜泣きに悩まされた。それと，恥ずかしがりで，人見知りが激しかった。

a-2 とくに思い出すエピソード

おもちゃで遊んでいて，二階の階段から落ちて，目の上を縫うケガをした。

b その頃のわが子との関係

長女の入院に一緒に付き添っていたため，友だちと遊ばせることが少なかった。

幼稚園に3年保育を申し込んだが，3歳になったばかりで少し心配した。

b-2 とくに思い出すエピソード

入園前から，「行きたくない，帽子もカバンも返してきて」などと言っていた。

c その頃の自分の生活状況

主人が単身赴任していて大変だった。

（略）

思春期（中学校時代）のわが子

（略）

b その頃のわが子と自分の関係

よく言われる反抗期も気づかぬうちに過ぎてしまった。

b-2 とくに思い出すエピソード

ガソリンスタンドで体験学習をして，大変だけど将来の仕事にしてもよいようなことも言っていた。

（略）

青年期中期（大学生時代）のわが子

a その頃のわが子の印象

アパートで一人暮らしを始めた。社交的になった。

a-2 とくに思い出すエピソード

カナダに研修旅行に行った。

b その頃のわが子と自分の関係

親子で将来の夢を語り合った。

（略）

日本ではあまり目立ちませんが，アメリカでは 1970 年代あたりから重大な社
会問題となっています。

　熊谷（1979）は，夫婦間暴力に関する日米印 3 カ国比較調査を実施していま
す。その結果を見ると，アメリカの暴力頻度は群を抜いて高く，インドは逆に
非暴力的傾向が強く，日本は両者の中間に位置づけられました（表 8-3）。た
しかにアメリカでは夫婦間暴力が非常に多く見られるようです。たとえば，コ
ス（1990）による調査でも，夫による暴力は既婚女性の 3 割が経験しており，
ボーイフレンドによるデート中の暴力も 5 割の女性が経験していることが明ら
かになっています。

　日本では，アメリカほど夫婦間暴力が見られないことがわかりましたが，配
偶者の暴力について相談する件数は，平成 27 年度までは増加の一途をたどっ
ていましたが，それ以降 11 万件前後を推移し高止まりしています（図 8-9）。
この増加は，公的機関の相談体制の整備や相談しようという意識の高まりを反
映する面もあり，必ずしも暴力の増加を意味するものではありません。ただし，
家庭裁判所で扱われた婚姻関係事件の主な申し立て動機を見ると，「性格が合
わない」が夫も妻も群を抜いて 1 位となっていますが，妻では「暴力を振る
う」がそれに次ぐ動機となっています（図 8-10）。ゆえに，夫婦間暴力の発生
比率はアメリカなどと比べて低いとはいっても，実数はかなりなものとなって
いると考えられます。

　それではまず，対配偶者暴力夫の特徴を見てみましょう。欲求不満―攻撃仮
説というのがあり，人は欲求が阻止されると，つまり欲求不満の状況に置かれ
ると，攻撃的になることがわかっています。夫から妻への暴力にも，このこと
は当てはまるようです。社会経済的地位との関係を検討したゲイフォード
（1975）やカンターとシュトラウス（1987，1989）によれば，低収入，ブルー
カラー，失業，仕事への満足度の低さなどがとくに対配偶者暴力との親和性が
高くなっています。ホーヌンクたち（1981）は，夫の学歴と現在の職業的地位
を比較して暴力との関係を検討した結果，暴力夫はオーバー・アチーバー（学
歴以上の職業的地位を獲得）には少なく，アンダー・アチーバー（学歴に比べ
て現在の職業的地位が低い）に非常に多いことを明らかにしました。また，

表 8-3 1年間に見られた葛藤解決の手段（熊谷，1979；榎本，1992）

	夫から妻へ	妻から夫へ
日　本	($N = 370$)	($N = 369$)
理性的話し合い	6.25	6.84
言語的攻撃	3.65	3.10
肉体的暴力	1.37	0.67
イ　ン　ド	($N = 204$)	($N = 161$)
理性的話し合い	4.96	5.67
言語的攻撃	2.35	2.35
肉体的暴力	0.80	0.42
ア　メ　リ　カ	($N = 76$)	($N = 76$)
理性的話し合い	9.60	11.16
言語的攻撃	6.61	6.83
肉体的暴力	2.47	2.37

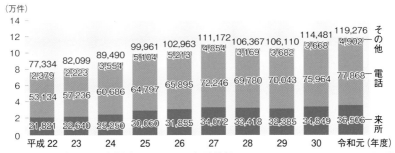

図 8-9 配偶者暴力相談支援センターへの相談件数（内閣府男女共同参画局 HP より作成）

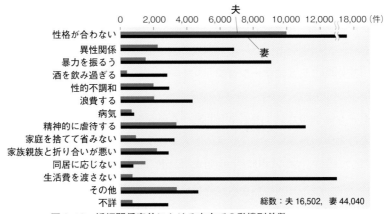

図 8-10 婚姻関係事件における申立ての動機別件数
（「司法統計年報　家事（令和元年度）第 19 集」より作成）

申立ての動機は，申立人の言う動機のうち主なものを 3 個まで挙げる方法で調査し，重複集計したもの。

ゴールドシュタインとローゼンバウム（1985）は，対配偶者暴力夫の特徴として，低い自己評価をあげています。彼らは，この種の夫が妻との間のちょっとした葛藤を自己評価を傷つける脅威とみなしやすいことも見出しています。さらに，ローゼンバウムとオレアリー（1981）やカンターとシュトラウス（1987，1989）は，対配偶者暴力夫には薬物乱用者や過度にアルコールを摂取する者が多いことを見出しています。このように，欲求不満状況，それに伴う自己評価の低さが多くの対配偶者暴力夫の抱える根本的な問題といえそうです（図 8-11；榎本，1999）。

ただし，欲求不満状況において暴力という行動で反応する背景には，暴力肯定的態度があると考えられます。それに関連する知見としては，ローゼンバウムとオレアリー（1981）が，成育家庭で親同士の暴力を目撃した経験の多い夫ほど，また親から虐待された経験をもつ夫ほど，妻に対して暴力を振るいやすいということを見出しています。これは，モデリング理論からしても，十分ありうることといえます。

夫婦間暴力というのは，好意をもって結びついた夫婦の間に生じる暴力ですから，そこに至るまでにはかなり根の深いコミュニケーション・ギャップの蓄積があるはずであると考えられます。そこで，次に夫婦間コミュニケーションの問題について見てみましょう。

8.3.3　夫婦間コミュニケーション

マルクマン（1979，1981）の縦断的研究では，結婚前に測定した相互のコミュニケーション得点により，2 年半後および 5 年半後の結婚生活への満足度が異なることがわかりました。では，どのようなコミュニケーションが問題となるのでしょうか。マルゴリンとウォムポルド（1981）は，不和夫婦と円満夫婦の相互作用パターンを比較しています。それにより，積極的に問題解決を目指すコミュニケーション，言語的・非言語的に相手を肯定するコミュニケーションが不和夫婦に少ないことがわかりました（表 8-4）。また，スミスたち（1990）は，結婚前のカップルの感情表現の仕方を測定し，それと結婚 18 カ月後および 30 カ月後の結婚生活への満足度との関係を検討しています。感情表

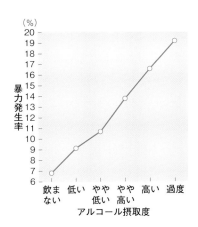

図 8-11　**夫のアルコール摂取度別にみた妻への暴力発生率**
(Kantor & Straus, 1987；榎本, 1999)

表 8-4　**コミュニケーションのパターン**
(Margolin & Wampold, 1981；榎本, 1992)

行動カテゴリー	
問 題 解 決	責任の受容
	妥協，歩みより
	問題の解決
言語的肯定	同意
	是認
	ユーモア
非言語的肯定	うなずく
	身体的肯定
	微笑，笑い
言語的否定	不平
	批判
	責任の否認
	弁解
	やりこめる，黙らせる
非言語的否定	応答しない
	ついていかない
	そっぽを向く

現の仕方は，肯定的感情性，否定的感情性，感情遊離性の3種の尺度で測定されました。それによれば，結婚後18カ月および30カ月の時点における結婚生活への満足度は結婚前に測定した感情遊離性と負の相関関係にありました。つまり，結婚前のコミュニケーションにおける感情遊離性という特徴がその後の結婚生活への不満に関係しているというわけです。これは直接夫婦間暴力を予言するものではありませんが，暴力のきっかけにもなりがちなコミュニケーション・ギャップを予言する一指標といえるでしょう（榎本，1992）。

　柏木（2003）によれば，日本の夫婦に特徴的な問題は，結婚満足度が夫と比べて妻が低いことです。夫の満足度がしだいに増加するのに対して，妻の満足度は変わらないため，とくに結婚後十数年を経た中高年層では，夫と妻の満足度に大きな開きが出ています（図8-12）。ここからも日本の夫婦の間ではコミュニケーションがうまくいっていないことがわかります。

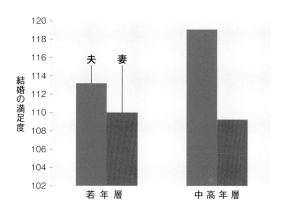

図 8-12　**若年層と中高年層の夫と妻の結婚満足度**（柏木たち，1996）

●参 考 図 書

岡堂 哲雄（編）（1999：初版1992）．家族心理学入門 補訂版 培風館

　家族システム論を導入することで独自な領域として確立された家族心理学を広く展望する入門書です。

東 洋・柏木 惠子（編）（1999）．社会と家族の心理学 ミネルヴァ書房

　晩婚化，非婚化，離婚，少子化，高齢化，働く母親，育児不安，虐待といった現代の社会問題と絡めつつ，最新の実証的研究をもとに家族関係の発達について解説しています。

遊佐 安一郎（1984）．家族療法入門――システムズ・アプローチの理論と実際――
　　　星和書店

　家族心理学の源流は，家族療法の中で展開していったシステムズ・アプローチにあります。本書は，そのシステムズ・アプローチを基本的な考え方から応用まで体系的に解説したものです。

日本家族心理学会（編）（2008）．家族心理学と現代社会 金子書房

　日本家族心理学会設立25周年記念として刊行されたもので，児童虐待，DV，介護，子育て支援など，さまざまな課題に直面する家族の心理を読み解こうとする最新の研究動向を解説するものです。

日本家族心理学会（編）（2019）．家族心理学ハンドブック 金子書房

　子どもの問題や夫婦関係の問題など家族ライフサイクルの各ステージで生じがちな問題の理解とその対処に必要な視点を網羅し，家族心理学について幅広く解説しています。

9

心の病理
と健康

　心の病理が社会に蔓延し，臨床心理学が注目を集め，心のケアという言葉が日常的に用いられるようになりました。教育の場では，不登校が大きな問題になっていますが，このところ学校段階を過ぎてもなお社会に出て行けずに家に引きこもる若者が増えているということで，引きこもりという言葉が急速に広まりました。無気力な大学生をさすスチューデント・アパシーも，病理というよりも，今や常態化しているといってよいでしょう。子どもたちや若者が社会に自分の居場所を築くのが困難な時代になってきたようです。社会に出て行くにあたって，何が障害になっているのでしょうか。社会適応の条件について明らかにする必要がありますが，適応には自分を社会に適合させるといった側面と，自分の欲求を社会的にいかに充足させるかといった側面があります。生き生きと日々を過ごすためには，単に社会に合わせるだけでなく，自分の欲求を充足させることも大切です。

9.1　心の健康性

9.1.1　適応と不適応

1. 適応の2つの側面

　環境との間に調和的関係を保つことを適応といいます。適応には2つの側面があります。一つは，環境からの要求に合わせて個体の側が変化するという側面です。もう一つは，個体の側の欲求（内的な要求に対しては，欲求という用語を用いることが多い）の充足を目的として行動するといった側面です。前者を**外的適応**，後者を**内的適応**ということができます。この両者は，ともすると対立しがちで，外的適応のために個体の側の内的な欲求を抑えなければならない事態がしばしば生じます（表9-1）。

　ただし，外的適応ばかりに偏りすぎると，周囲との関係はある程度は良好にいくかもしれませんが，欲求不満がしだいに募り，やがてストレス症状が現れたり，抑えすぎた内的欲求に突き動かされて突如として反乱を起こすことになったりして，結局は外的適応にも支障をきたすということにもなりかねません。反対に，内的適応にばかり偏ると，一時的な心理的充足感は得られても，周囲とのあつれきが生じて社会的に安定した居場所が得られないため，結局は内面的な安定も脅かされることになります。ゆえに，適応においては，外的適応と内的適応のバランスをうまくとることが大切になります。

2. 欲求とその挫折

　マズロー（1954）は，欲求を生理的欲求，安全の欲求，愛と所属の欲求，承認と自尊の欲求という4種の**基本的欲求**と**自己実現欲求**に分類し，それらの間に階層構造を想定しています（図9-1）。基本的欲求は，低次の，まずは満たさなければならない基本的なもので，その欠乏がそれを求める行動に駆り立てるという意味で，**欠乏動機**とも呼ばれます。また，基本的欲求は，他者によって満たしてもらわなければならないという点において，他者に依存した欲求といえます。これが満たされるにつれて，人は周囲に依存することが少なくなり，欠乏を埋めるというより，潜在的な能力や可能性を十分に発揮して現在の自分以上のものになろうという自己実現欲求が強く働くようになります。これを欠

表 9-1　**マレーによる内的欲求の分類**（マアレー，1938 より作成）

欲 求 名	欲 求 内 容
支　配	暗示，誘惑，説得，命令などにより，人を支配する。
恭　順	優越している人を賞賛，尊敬，支持し，心から従う。
自　律	強制や束縛に抵抗し，権威から離れて自由に行動する。
攻　撃	相手を辱めたり，罰したりする。
屈　従	服従し，批判や罰を受け入れ，自分を罰する。
成　就	障害を克服して事を成し遂げ，自己を超克する。
性　的	性的関係を形成し，促進する。
感　性	感性的印象を求め，楽しむ。
顕　示	相手を驚かせ，魅惑し，圧倒し，印象づける。
遊　戯	無目的に，成果を期待することなく，おもしろがって行動する。
親　和	気の合う人に近づき，友情や愛情を交換する。
排　除	劣等な相手を排斥したり無関心になる。
求　護	支持され，励まされ，助言され，導かれるように保護者に寄り添う。
養　護	無力な者を援助し，慰め，保護する。
非難回避	非難されないよう自己愛的・非社会的行動を抑制する。
屈辱回避	失敗を恐れ，嘲笑や冷淡な反応に会うような行動を避ける。
防　衛	批判，非難から逃れるため，悪事や失敗を隠したり，正当化する。
中　和	汚名を返上し，誇りを維持するため，再努力によって失敗を埋め合わせる。
傷害回避	苦痛，身体的傷害，病気，死を避ける。
秩　序	物事を整頓し，組織化し，平衡や整然さを達成する。
理　解	経験を分析し，抽象し，概念的に整理し，一般化する。

図 9-1　マズローの欲求の階層

乏動機に対して成長動機，あるいは基本的欲求に対して高次欲求ともいいます。

　基本的欲求の挫折に対しては，空腹であっても自尊心の欠如であっても，その欠けた部分をはっきりと意識することができるので，どう対処すればよいかは明白です。ところが，高次欲求の挫折となると，漠然とした不安や倦怠感を生じるだけで，何をどう満たしたらよいかがはっきりせず，対処がとても困難となりがちです。マズローは，高次欲求の挫折がもたらす不充足感を高次病と呼んでいます。自由で豊かな社会が実現した現代では，基本的欲求が満たされやすくなった分，人々は高次欲求に動かされるようになりつつあり，現代人の間にマズローのいう高次病が蔓延してきているように思われます。

9.1.2　防衛機制

　自分の欲求と社会の側からの要求の折り合いをつけること，いい換えれば，社会による要求をある程度満たすような形で自分自身の内的欲求を満たしていくのが，適応の意味するところです。しかし，厳しい現実の中で目標達成行動が阻止され，どうにも欲求を充足させることができないということもあります。そのような状態が続くと欲求不満に陥ります。欲求不満状況に長く置かれることは，精神衛生上好ましくありません。そこで，目標達成を延期するなど何らかの合理的な適応行動がとれればよいのですが，どうしても適切な対処行動をとることができないということがあります。そのようなとき，次善の策として，非合理的な適応様式に頼らざるをえません。その典型が，フロイトおよびその娘アンナ・フロイトにより提起された防衛機制です。

　防衛機制とは，欲求が阻止され，現実的・合理的に対処するのが困難なとき，欲求不満により自分が傷つくのを防ぐために，その場しのぎの解決策でごまかすことです。これにはさまざまなメカニズムがありますが，現実を認めようとしなかったり，歪めて認知しようとするところが共通しています。もっとも重要なのが抑圧で，これはほかのすべての防衛機制の基礎となります。抑圧だけで対処しきれないときに，ほかの防衛機制をその補強として用いることになります（表9-2）。

　このように，防衛機制には，危機に際して一時的な避難所を与えるといった

表 9-2　**代表的な防衛機制**（榎本，1992）

抑　　圧	受け入れがたい衝動，感情，記憶，思考などを意識の外に締め出すこと。
合 理 化	自分の行動を正当化するために，社会的承認に値する，あるいは自分の良心に納得のいくような理由づけをすること。
反 動 形 成	抑圧した衝動と反対の態度を強く示すことにより，危険なものとして自我が恐れる衝動の表出を防ぐこと。
投　　影	自分の中にある認めがたい衝動や感情を，自分ではなく他の人がもっていると思い込むこと。
同 一 視	自分にとって価値のある他者の姿を自分の中に取り入れ，まるでその人になったかのようにふるまったり，その属性を身につけようとしたりすること。
否　　認	知覚的印象を遮断し，歓迎されない現実を願望充足的空想およびそれに伴う行動によって否定すること。
退　　行	より未熟な発達段階に逆戻りすること。
置 き 換 え	欲求や感情の対象を，本来の対象より手に入りやすい対象や自分にとって危険でない対象に向けること。
隔　　離	苦痛なあるいは恐ろしい経験を平気で思い出すことができるように，その観念と感情を切り離し，感情を抑圧すること。

効用があり，社会生活を送る上で不可欠といえます。ただし，それも行きすぎると，神経症症状の形成につながることもあります。

9.1.3　適応から健康へ

1. 適応した人と健康な人

　特徴のある顔の似顔絵を描くのは比較的簡単ですが，何ら極端なところのない均整のとれた顔の似顔絵を描くのはとても難しいものです。適応とか健康に関しても同様です。バランスを崩して不適応に陥った人や不健康な人の事例を思い浮かべることはできても，バランスのとれた理想的状態としての適応した人や健康な人を具体的に思い浮かべるのは困難です。そこで，適応や健康に関して，不適応の徴候がないこと，不健康の徴候がないことのように，消極的な観点からとらえがちなのも，やむをえないことといえます。

　健康の基準として集団の平均を利用するとらえ方があります。平均からの逸脱のない状態が健康であると考えるのです。しかし，あらゆる点において平均に近い人というのは，いってみれば人並みということです。その意味で正常といえるとしても，取り立てて何の特徴もない凡庸さをあえて健康といってよいのかという問題があります。

　平均との比較でなしに，問題となる症状を示さないということを健康の基準とするとらえ方もあります。うまく適応し，何の不安も葛藤もなく，心理的緊張から解放された状態，それゆえ何ら不適応的な症状を示さない状態を健康とするのです。しかし，これも取り立ててマイナスの症状がないというだけで健康とするわけで，やはり消極的なとらえ方といわざるをえません。

　ここで考えてみる必要があります。私たちは，何の緊張感もない安楽な状況，何もすべきことのない状況に置かれて，はたして生き生きとし続けられるものでしょうか。人がもっとも充実し，生きがいを感じるのは，むしろ張りつめた気持ちの中で精一杯頑張っているとき，苦しみつつも目標に一歩一歩近づきつつあることを実感しているときではないでしょうか。生き生きとした人というのは，心理的緊張を解消するような適応的行動をとるだけでなく，適度な緊張を自らつくり出すことができる人であるはずです（図9-2）。

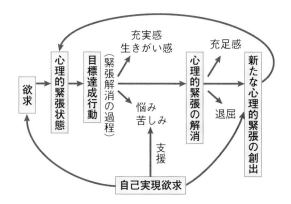

図 9-2 **健康なパーソナリティ**（筆者作成）

表 9-3 **マズローによる自己実現的人間にみられる 15 の特性**
（マズロー，1954 より作成）

1 主観を極力排し，事実をありのままに見る現実認知の正確さ。
2 あるがままの自己・他者および自然に対する受容性。
3 自己の内面からわきあがってくるものを自由に表出し，それにもとづいて行動する自発性。
4 自己にとらわれず，自分の外の問題に興味をもち，没頭することができる問題中心性。
5 世俗的なもめごとに心を乱されることなく，孤独を恐れず，適度のプライバシーを求める超越性。
6 周囲からの評価に左右されない自律性。
7 日常的に繰り返される生活においても，喜びや驚きをもって新たな発見をする鑑賞力の新鮮さ。
8 自己を越え，現実を越えた神秘的経験に対する感受性。
9 人類全体に対して，単一の家族であるかのような一体感を抱く共同社会感情。
10 少数の友人や愛する人との間の心を開いた親密な関係。
11 偏見や差別意識をもって人に対することのない民主的性格構造。
12 確固とした倫理感覚による手段と目的の区別。
13 哲学的で悪意のないユーモアのセンス。
14 既成のものにとらわれない自由な発想にもとづく創造性。
15 ただ受動的に文化に組み込まれることに対する抵抗。

　そのような観点に立ってみると，健康というには，環境に対して適応的な行動をとることで安楽に暮らすというだけでは十分でないということになります。それは，自己の成長を積極的に求め，自ら緊張状態をつくり出し，悩み苦しみつつ挑戦的に自己を高めていくのが健康の条件であるといった積極的な意味での健康のとらえ方です。

2.　健康な人間像に関する理論

(a)　マズローの自己実現的人間の特徴

　マズロー（1954）は，自己の可能性を十分に実現している人間を**自己実現的人間**と呼び，健康な人間像の極においています。そして，自己の才能や可能性を十分に開発し活かしていると考えられる伝記上の人物，現存の公的人物，大学生，身近な人などを検討した結果，自己実現的な人物の多くに共通に見られる特徴を抽出しています（表9-3）。これを見ると，マズローの考える自己実現的人間のもつ特徴がわかります。

(b)　オールポートによる成熟した人間

　オールポート（1961）は，さまざまなパーソナリティ理論を検討した結果，成熟した人間の基準として，自己意識の拡大，他人との温かい関係，情緒的安定（自己受容），現実的知覚・技能と課題への没頭，自己客観視（洞察とユーモア），人生を統一する人生哲学の6つをあげています（表9-4）。

(c)　フランクルの意味への意志

　フランクル（1969）は，人間は自分の生の意味を求める存在であるといいます。そして，人は未来に有意味な目標をもつことによって，今ここでの自分の生の意味を充足していくことができるというのです。

　意味を追求し続けることで，肉体的にも精神的にもある程度の緊張がもたらされますが，そのような緊張は，肉体的および精神的健康にとって必要なものと考えられます。人生に意味を与えてくれるような目標に向かって歩み続けることは，絶え間ない努力と忍耐を必要としますが，その苦悩の重圧に耐えて自分の価値観に沿った人生を切り拓いていくことが健康につながるというわけです。その緊張から逃げて，安易な見せかけの安らぎに甘んじるのは，不健康なあり方とみなします。それゆえに，フランクル（1951）にとって，心理療法の

表 9-4　**オールポートによる成熟した人間の基準**
(オールポート，1961 より作成)

1.　自己意識の拡大

友人，恋人，趣味，職業など，自分自身の外に強い興味を発展させ，人間的活動の多くの領域にふれることによって，多くのものを自分の中に取り入れ，自己の境界を拡大していく。

2.　他人との温かい関係

親密な関係を保つことができるという意味での温かさと，陰口やおしつけがましさ，わがもの顔の関与を避け（超脱性），すべての人々に敬意を払い，理解を示す共感性という意味での温かさを共にもつ。

3.　情緒的安定（自己受容）

自分の情緒的衝動の流れをうまく制御できるバランス感覚と欲求不満耐性をもち，他人の確信や感情を考慮しつつ自己の確信や感情を表明することができ，自分自身や他人の情緒の表出に脅威を感じることもない。

4.　現実的知覚・技能と課題への没頭

欲求や空想に歪められることなく現実を正確に認知し，現実の問題を処することができる適度な能力を備えており，自分の仕事に没頭することができる。

5.　自己客観視（洞察とユーモア）

自分自身でイメージしている自己像と他人によってイメージされている自分の像とのずれが小さく，すなわち正確な自己認知をしており，また愛する自分自身を突き放して笑うだけの心のゆとりがある。

6.　人生を統一する人生哲学

人生の方向決定性，価値指向性，宗教的情操，一般的良心がうまく機能しており，何らかの形において人生に統一を与える人生哲学をもつ。

課題は「人間をその病気から外へ引き出すこと」であるよりも「その人のあり
のままの事実へと導くこと」であり，「患者が自分の実存の意味を見出して，
自分自身に」立ち返ることができるように，場合によっては「患者をおどして，
彼の形而上学的軽率から追い出」し，「少なくとも一時的に緊張が高まり，苦
しみに満ちた体験が生じるという危険に向けて駆り立てなければならない」の
です。意味を求める存在である私たち人間は，緊張から逃げ出さずに苦悩する
ことのできる存在でもあるというのがフランクルの見方です。

(d) ロジャーズの十分に機能している人間

　ロジャーズ（1963）は，「人間の中に，ひとつの中心となるエネルギーの源
泉があり，それは人間のある一部分の機能というよりはむしろ有機体全体の機
能であると考えるべきであり，その傾向は，有機体の充足や実現や維持や強化
に向かう傾向である」といいます。つまり，人間には自身を強化する方向へと
全能力を動員しようという実現傾向が内在しているというのです。

　カウンセリングも，個々のクライエントの中に自分のもつ潜在的なものの実
現を目指す傾向があるからこそ成立するのです。

　カウンセリング関係の中で受容されていると感じているクライエントは，機
能が固着し，構造が硬化している状態から，より開放性，流動性，変易性のあ
る方向へと変化していきます。つまり，停滞した状態から自己実現の方向へと
踏み出すことができます（表9-5）。

　経験に対して開かれている人間は，たえず変化しつつある「過程の中の人
間」であり，よりいっそうの自己実現へと向かう過程にあります。ロジャーズ
は，このような人間を「十分に機能している人間」と呼んでいます。

9.2　精神疾患

9.2.1　主な精神疾患

　2013年，臨床の場でよく参照されるDSM（アメリカ精神医学会による精神
疾患の分類と診断の手引）が19年ぶりに全面改訂されました。そのDSM-5
では，精神疾患は図9-3のように定義されています。そして，主な精神疾患は，

表 9-5　ロジャーズによるカウンセリングの必要十分条件
（ロージャズ，1957 より作成）

1. ふたりの人間が心理的な接触をもっていること。

2. クライエントは，不一致の状態にあり，傷つきやすい，不安な状態にあること。

　（たとえば，ひとり息子が家を離れ自立するとき，わけのわからない病気にとりつかれる母親のように。）

3. セラピストは，この関係の中で，一致しており，統合されていること。

　（ありのままの自分自身でいられるということ。）

4. セラピストは，クライエントに対して，無条件の肯定的配慮を経験していること。

　（クライエントの経験のよい側面の表現ばかりでなく，悪い，醜い，異常な側面も受容し，彼が自分自身の感情をもち，自分自身の経験をもつことを許すこと。）

5. セラピストは，クライエントの内的照合枠について共感的な理解を経験していること。

　（クライエントの怒りや恐怖や混乱をあたかも自分自身のものであるかのように感じとり，決して疑ったり拒否したりしないこと。）

6. セラピストの共感的理解と無条件の肯定的な配慮が，クライエントに伝達されていること。

　（これがあって初めてクライエントは自由にふるまうことができる。）

表 9-6 のように分類されています。神経発達障害群には各種発達障害が含まれます。従来は気分障害と呼ばれていたものが，双極性障害と抑うつ障害群に分けられています。不安障害群には，分離不安，社交不安障害，パニック障害などが含まれます。心的外傷およびストレス因関連障害群には，心的外傷後ストレス障害や愛着障害などが含まれます。解離性障害群には，解離性同一性障害や解離性健忘，離人感・現実感消失障害などが含まれます。摂食障害群には，神経性無食欲症や神経性過食症などが含まれますが，これについては次節で取り上げます。嗜癖性障害群には，アルコール中毒，カフェイン中毒，大麻等の薬物中毒，タバコ使用障害などが含まれます。以下では，発達障害とパーソナリティ障害について少し詳しくみていきましょう。

9.2.2　発達障害

　発達障害とは，脳機能の障害により何らかの発達面に問題がみられるものを指します。DSM-5 では神経発達障害群に相当します。発達障害者支援法において，発達障害とは，自閉症，アスペルガー症候群その他の広汎性発達障害，学習障害，注意欠陥多動性障害その他これに類する脳機能の障害であってその症状が通常低年齢において発現するもの，とされています。幼稚園に通い，友だちと遊ぶ場面が多くなってから問題が表面化したり，小学校に入学し，授業を受けたり試験を受けたりするようになって問題が表面化したりする場合も，その障害は発達の初期からあったものと考えられます。文部科学省（2012）による調査によれば，小中学校において学習面または行動面で著しい困難を示す発達障害の可能性のある児童・生徒の比率は 6.5％とされています。

　主な発達障害について，DSM-5 に基づいてみていきましょう。

1.　知的発達障害

　知的発達障害は，知的発達と適応機能の両面において障害を示します（表 9-7）。

　知的発達に関しては，論理的思考，問題解決，計画，抽象的思考などが苦手で，的確な判断ができなかったり，学校の授業の予習や宿題がうまくできなかったり，経験から学ぶことができなかったりします。

精神疾患とは，精神機能の基盤となる心理学的，生物学的，または発達過程の機能不全を反映する個人の認知，情動制御，または行動における臨床的に意味のある障害によって特徴づけられる症候群である。精神疾患は通常，社会的，職業的，または他の重要な活動における意味のある苦痛または機能低下と関連する。よくあるストレス因や喪失，例えば，愛する者との死別に対する予測可能な，もしくは文化的に許容された反応は精神疾患ではない。社会的に逸脱した行動（例：政治的，宗教的，性的に）や，主として個人と社会との間の葛藤も，上記のようにその逸脱や葛藤が個人の機能不全の結果でなければ精神疾患ではない。

図 9-3　**精神疾患の定義**（DSM-5 による）

表 9-6　**DSM-5 による精神疾患の分類**（主なものを示す）

1. 神経発達障害群
2. 統合失調症スペクトラム障害
3. 双極性障害
4. 抑うつ障害群
5. 不安障害群
6. 強迫性障害
7. 心的外傷およびストレス因関連障害群
8. 解離性障害群
9. 摂食障害群
10. 嗜癖性障害群
11. パーソナリティ障害群

　適応面に関しては，社会的に年齢相当に求められる行動を適切にとることができず，家庭・学校・地域・職場などにおける日常生活にも支障をきたすため，継続的な支援を必要とします。支援が必要かどうかは，主に知能水準により判断することになります。

2.　自閉症スペクトラム障害

　自閉症スペクトラム障害は，人と感情を共有できなかったり，人に関心がなかったり，視線が合わなかったり，人の表情を読みとれなかったりして，対人コミュニケーションに持続的な障害があるため，仲間関係を形成することに困難を生じます。また，行動や興味において柔軟性が乏しく，同じ行動を反復したり，特定の対象に異常なほど執着したり，馴染みの習慣に頑なにこだわったりする傾向を示します。自閉症障害，アスペルガー障害，特定不能の広汎性発達障害などが，これに含まれます（表9-8）。

　バロン-コーエンたち（1985）は自閉症スペクトラム障害児が他者や自分の心的状態を推論できないことを指摘し，マッキントッシュたち（2006）は自閉症スペクトラム障害児が他者の表情を模倣しないことを指摘していますが，いずれも人に対する興味の欠如をあらわしているといってよいでしょう。さらに，自閉症スペクトラム障害児は，皮肉などの字義通りでない意味を読みとることができず，対人関係の文脈で言葉を用いることが苦手とされています（安立たち，2006；マッケイとショー，2004；マーティンとマクドナルド，2004）。

　ホブソン（1993）は，このような自閉症スペクトラム障害児の対人関係上の根本的な問題は，他者と心が通い合っているという感覚の乏しさにあるとしています。

3.　注意欠如・多動性障害

　注意欠如・多動性障害は，持続的な不注意と多動を特徴とします。気が散りやすく，不注意な間違いが多かったり，集中力を要する活動を長時間続けることができなかったり，必要な物をよくなくしたり，忘れ物が多かったりします。

　また，じっとしていられず，座っていても手足をたえず動かしたり，席に長く座っていられずすぐに動き回ったり，会話中も相手の言葉を遮ってしゃべったり，列に並んで順番を待つことができなかったりして，常に落ち着かず多動

表 9-7　　知的発達障害

知的発達面の問題：論理的思考，問題解決，計画，抽象的思考などが苦
　　　　　　　　　　手で，的確な判断ができなかったり，学校の授業の
　　　　　　　　　　予習や宿題がうまくできなかったり，経験から学ぶ
　　　　　　　　　　ことができなかったりする。
適応面の問題：社会的に年齢相当に求められる行動を適切にとることが
　　　　　　　　できないため，日常生活に支障をきたす。

表 9-8　　自閉症スペクトラム障害の特徴

- 人と感情を共有できなかったり，人に関心がなかったり，視線が合
  わなかったり，人の表情を読みとれなかったりして，対人コミュニ
  ケーションに持続的な障害がある。
  　　他者や自分の心的状態を推論できない。
  　　他者の表情を模倣しない。
  　　皮肉などの字義通りでない意味を読みとることができない。
- 行動や興味において柔軟性が乏しい。

　　　　　　自閉症障害，アスペルガー障害，特定不能の広汎性発達障害など

な傾向を示します（表9-9）。

　このような多動で衝動的な行動を示す児童に対して，補助教員をつけて教室から飛び出した場合の安全確保に努めることがありますが，小泉・若杉（2006）は，社会的スキルを訓練することで衝動的な問題行動をなくせることを報告しています。小泉と若杉は，個別指導に学級全体を巻き込んだ社会的スキル訓練を行っていますが，その結果，「プリントや授業に集中できない」「奇声を上げる」「ケンカをする」「遊びの邪魔をする」「友だちの勉強の邪魔をする」などといった問題行動が徐々に減り，ついに消失することを確認しています。

4. 学習障害

　知的発達障害は知的機能全般の発達が遅れているのに対して，学習障害は全般的な知的発達に遅れはみられないものの，何か特定の能力面に障害があり，その能力を必要とする学習に著しい困難を示します。学習障害の児童・生徒は特別支援学校・学級でなく通常学級で学ぶことになっており，必要な場合は通級指導を受けることになります。

　学習障害には，文字をきちんと区別できなかったり文を正確に読むことができなかったりする読字障害，教師の板書をノートに正確に写せなかったり，聞いたことを書くことができなかったりする書字障害，計算ができなかったり，数の大小がわからなかったり，数的概念を理解できなかったりする算数障害などがあります。その他，文章を読むのが異常に遅かったり，文章を読んでも意味を理解できなかったりする場合もあります（表9-10）。

9.2.3　パーソナリティ障害

　パーソナリティ障害とは，個人に特徴的で一貫性のある認知，感情，行動のあり方が大きく偏り固定化したために非適応的になっている状態のことをいいます（大野，1998）。いわば，パーソナリティが著しく偏っていることを指します。DSM-5では，その人の属する文化から期待されるものより著しく偏った内的体験および行動の持続的様式が，認知，感情性，対人関係機能，衝動の制御の4領域のうち2領域以上にみられるとき，パーソナリティ障害とみなすとしています。

表 9-9　注意欠如・多動性障害の特徴

不注意
　気が散りやすい。
　不注意な間違いが多い。
　集中力を要する活動を長時間続けることができない。
　必要な物をよくなくす。
　忘れ物が多い。
多動
　じっとしていられない。
　座っていても手足をたえず動かしている。
　席に長く座っていられない。
　会話中も相手の言葉を遮ってしゃべる。
　列に並んで順番を待つことができない。

表 9-10　学 習 障 害

読字障害	文字をきちんと区別できなかったり，文を正確に読むことができなかったりする。
書字障害	教師の板書をノートに正確に写せなかったり，聞いたことを書くことができなかったりする。
算数障害	計算ができなかったり，数の大小がわからなかったり，数的概念を理解できなかったりする。
その他の障害	文章を読むのが異常に遅かったり，文章を読んでも意味を理解できなかったりするものなど。

　そして，パーソナリティ障害を 10 タイプに分け，それを奇妙で風変わりなところに特徴のあるクラスター A，感情的な混乱や衝動性に特徴のあるクラスター B，不安の強さや自信のなさに特徴のあるクラスター C という 3 つのクラスターにくくっています（表 9-11）。

　奇妙で風変わりなところに特徴のあるクラスター A には，猜疑心が強く他人の好意さえ不当に疑い，侮辱されたと勝手に思い込んでは攻撃的になる妄想性パーソナリティ障害（猜疑性パーソナリティ障害），感情が平板でよそよそしく，人と温かい心の交流ができないスキゾイドパーソナリティ障害（シゾイドパーソナリティ障害），奇妙な空想や思い込みにとらわれたり，奇異な行動を示したり，ふつうでない知覚体験をもつなどして，対人関係に著しい困難を示す統合失調型パーソナリティ障害の 3 つが含まれます。

　感情的な混乱や衝動性に特徴のあるクラスター B には，無責任で仕事を安定して続けられず，良心が欠如し人を平気で傷つけ，衝動的で暴力を振るいやすい反社会性パーソナリティ障害，衝動的で感情の起伏が激しく，親しくなると過度な依存や要求を示し，相手を勝手に理想化しては裏切られたと批判するなど人間関係が長続きせず，アルコール依存・過食・無謀な運転・浪費など自己破壊的行動が目立つ境界性パーソナリティ障害，目立ちたがりで人の注意を引くために大げさな演技的態度を示し，たいした内容でなくても印象的な話し方をしたり大げさな感情表現をしたりする演技性パーソナリティ障害，自分の才能や業績に関して誇大な感覚を抱き，自分は特別といった意識が強く，自分の利益のためには平気で人を利用し，限りない成功と賞賛を求める自己愛性パーソナリティ障害の 4 つが含まれます。

　不安の強さや自信のなさに特徴のあるクラスター C には，自信がなく，恥をかいたり人からバカにされるなど否定的な結果により自尊心が傷つくことを極度に恐れ，重要な仕事を引き受けたり人と深い関わりをもつことを避ける回避性パーソナリティ障害，過度に依存的で自分自身で決断することができず，何かにつけて人に指示を求め，一人では不安で，置き去りにされる恐怖から身近な人にしがみつくような行動をとる依存性パーソナリティ障害，完全癖が強く，物事が予定通りに進んだり秩序立っていないと気が済まず，細かなことに

表 9-11　パーソナリティ障害の 10 タイプ

クラスター A：奇妙で風変わりなところに特徴がある。	
妄想性パーソナリティ障害…………	他人の動機を悪意のあるものと解釈するといった，不信と疑い深さの様式。
スキゾイドパーソナリティ障害……	社会的関係からの遊離および感情表現の範囲の限定の様式。
統合失調型パーソナリティ障害……	親密な関係で急に不快になること，認知的または知覚的歪曲，および行動の奇妙さの様式。
クラスター B：感情的な混乱や衝動性に特徴がある。	
反社会性パーソナリティ障害………	他人の権利を無視しそれを侵害する様式。
境界性パーソナリティ障害…………	対人関係，自己像，感情の不安定および著しい衝動性の様式。
演技性パーソナリティ障害…………	過度な情動性と人の注意をひこうとする様式。
自己愛性パーソナリティ障害………	誇大性，賞賛されたいという欲求，および共感の欠如の様式。
クラスター C：不安の強さや自信のなさに特徴がある。	
回避性パーソナリティ障害…………	社会的制止，不適切感，および否定的評価に対する過敏性の様式。
依存性パーソナリティ障害…………	世話をされたいという全般的で過剰な欲求のために従属的でしがみつく行動をとる様式。
強迫性パーソナリティ障害…………	秩序，完全主義，および統制にとらわれている様式。

過度にこだわり，頑固で融通がきかず，そのために何ごとも達成することができなくなったりする強迫性パーソナリティ障害が含まれます。

このようなパーソナリティ障害には自己像の不安定さが伴いますが，いくつかのタイプと自尊感情の低さとの関連が指摘されています（ワトソン，1998；リナムたち，2008）。また，パーソナリティ障害の診断基準には対人関係面における障害が多く含まれており，その形成要因として幼少期のアタッチメントが着目されています。実際に，ベンダーたち（2001）やブレナンとシェーバー（1998）は5つのパーソナリティ障害が不安定なアタッチメントと関連していることを見出しています。また，ミクリンサーとシェーバー（2012）は，不安定アタッチメントによる見捨てられ不安や親密性の回避がいくつかのパーソナリティ障害と関連していることを指摘しています。

9.3　思春期・青年期の心の問題

9.3.1　不 登 校

学校に行かないことを広く不登校（以前は登校拒否といわれていましたが，不登校という呼び方が一般的になりました）といいますが，それにもさまざまなタイプがあります。図9-4は，小泉（1973）による不登校の分類ですが，よく問題となるのは神経症的な葛藤がもとになっている不登校です。

神経症的不登校は，怠学や精神障害による不登校などと異なり，おとなしくてどちらかというとまじめな者が，学校に行かなければと思いながらも登校することができず，不本意ながらずるずると不登校を続けるというものです。

神経症的不登校をする子どもの性格的特徴として，内気，繊細で傷つきやすい，融通がきかない，完全癖があり失敗への不安が強い，自立性や社会性が乏しいなどがあげられます。家庭から巣立って自分の力で歩き始めるだけの力が培われないままに，自立を求められる思春期を迎えてしまったといった印象を与えるケースが多いようです。

そこでは，幼い頃からの人と関わる体験の乏しさが人と関わる力の発達を阻害し，その結果社会性や自立性が十分育たないままになってしまったというこ

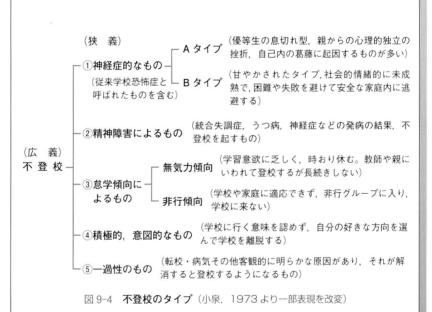

図 9-4　**不登校のタイプ**（小泉，1973 より一部表現を改変）

とが問題になっていると考えられます。子ども時代の遊び形態を見ても，路地裏の集団遊びが消えて，室内での 2 〜 3 人での遊びが中心となり，テレビ・ゲームなど直接相手とコミュニケーションすることのない遊びが急速に増殖してきました。このような子どもを取り巻く環境においては，以前であれば放っておいても自然に培われた人と関わる力が，自然には育たないことが予想されます。そのような事情を考慮して，榎本（1998）は幼少期からの人間関係の早期教育を提唱しています。

　ただし，学校教育の歪みが不登校を招いているという側面も見逃せません。神経症的不登校の陰に隠れて目立ちませんが，学校のあり方に疑問を投げかけ抵抗する主体的な不登校傾向（図 9-4 の積極的，意図的不登校）が蔓延していることも無視できません。

9.3.2　摂食障害

　摂食障害とは，摂食行動の異常のことですが，狭義には神経性無食欲症と神経性過食症をさします（図 9-5）。

　神経性無食欲症とは，痩身願望により肥満を嫌悪し，それゆえに極端に食事量を減らすなどをはじめとするやせるための努力を続け，その結果著しい体重の減少を示すものです。思春期から青年期の女子に多く見られることから，思春期やせ症ともいわれます。**神経性過食症**とは，気晴らし食いが高じて，限界まで食べて吐くというところまで極端な過食を繰り返したりするものです。

　どちらも青年期から成人初期の女子に発生することが多いようです。摂食障害を起こしやすい者には，第 2 次性徴の出現を回避しようとする傾向が見られたり，反抗の目立たない素直なよい子として育ってきた者が多かったりすることから，痩身願望・肥満嫌悪の背後に女性性の忌避や同一性の障害があると見られています。社会性や自発性の乏しさなど，スチューデント・アパシーとの共通性もしばしば指摘されています。

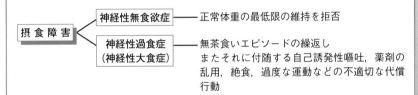

図 9-5　**摂食障害の分類**（アメリカ精神医学会，2013 より作成）

9.3.3　引きこもり

　引きこもりとは，家庭の中に引きこもって，社会に出ていこうとしない状態をさします。学校に行ったり仕事に出かけたりといったことをせずに，家族以外の人たちとの関わりも避けて，家庭の中だけが安全な居場所と思い込んでいるかのように，家庭に引きこもるのです。極端な場合は，家庭の中でも自分の部屋に引きこもって，家族との交渉も断ってしまうといったタイプもあります。

　内閣府が 2016 年に 15 〜 39 歳を対象に実施した「若者の生活に関する調査」によれば，狭義の引きこもり（「ふだんは家にいるが，近所のコンビニなどには出かける」「自室からは出るが，家からは出ない」「自室からほとんどでない」を併せたもの）の推計数は全国で 17.6 万人，準引きこもり（「ふだんは家にいるが，自分の趣味に関する用事のときだけ外出する」）の推計数は全国で 36.5 万人となりました。つまり，両者を併せた広義の引きこもりは全国に 54.1 万人いることになります。

　引きこもりというのは，不登校とかなりの部分重なるものです。学校に通わなければならない年齢段階で生じた引きこもりが不登校であるといってよいでしょう。したがって，引きこもりがちな者の心理的特徴やそれを予防するために気をつけなければならない点としては，不登校のところで述べた内容がそのまま当てはまります。そこで問題となるのは，人と関わる力が育っていないということ，そのために関わりの世界から引きこもって身を守ろうとすることです。このような特徴は，スチューデント・アパシーとも重なる部分が大きいと思われます。

　内閣府の 2016 年の調査では，引きこもりになったきっかけについても尋ねています。それによれば，「不登校（小学校・中学校・高校）」「職場になじめなかった」「就職活動がうまくいかなかった」「人間関係がうまくいかなかった」の 4 つが主なきっかけとしてあげられています（図 9-6）。これを見ると，病気を別にすれば，人間関係や仕事への適応がうまくいかないことが引きこもりにつながるといってよいでしょう。

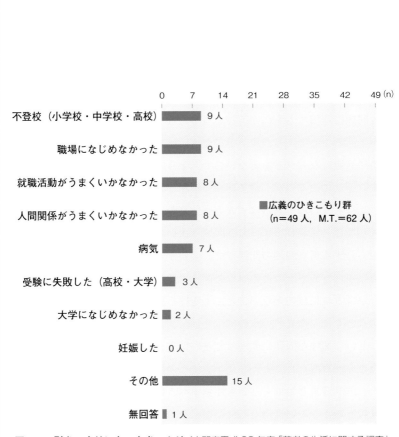

図 9-6　**引きこもりになったきっかけ**（内閣府平成 28 年度「若者の生活に関する調査」報告書より）

9.3.4　自　　殺

　自殺は，とくに青年期に多いわけではありません。むしろ，自殺率はほぼ年齢とともに上昇します。では，なぜ青少年の自殺が問題になるかといえば，若い頃は病気などで死亡する率が低いために，年代別に死因を見た場合，とくに青年期の死因として自殺が1位あるいは2位となるからです（榎本，1996）。

　では，青少年の自殺には，どのような特徴があるのでしょうか。

　青少年の自殺の直接的動機としては，学業不振，進路・入試，学友との不和など学校問題に起因するものがもっとも多くなっています（表9-12）。学校という場が生活の中心であるため，そこでのほぼ絶対的な評価基準となっている学業成績に過敏にならざるをえないのでしょう。次に多いのが精神障害によるものです。それに次ぐのが，親子関係の不和や親などによる叱責などの家庭問題です。くつろぎの場であるはずの家庭が葛藤を抱えているというのは大きなストレスとなると思われます。家庭問題に次いで動機としてあがっているのが，失恋を中心とする男女関係の問題です。両親からの自立が課題となり，親とのタテの関係から友人や恋人とのヨコの関係に比重を移していく時期にあって，その移行がスムーズにいかないことによる挫折感や孤独感はことのほか大きいはずです。とくに，恋人というのは，互いに相手を自分の分身のように思いながら自立という孤独な課題に向かって互いに支え合える存在であるため，失恋は自分の身を削り取られるような痛手を伴うのでしょう。

　自殺の心理的背景としてもっとも注意すべきは，うつ的な心理状態です。ゆえに，自殺を考えやすい性格として問題となるのは，うつに陥りやすい性格です（表9-13）。

　自殺への親和性を強めやすい要因として，とくに重要なのは，孤独感や疎外感（絆の欠如），自己受容の欠如，自己・他者および現実に対する柔軟な態度の欠如などです。これらは，いずれも豊かな人間関係を経験していないことによるものと考えられます。絆の欠如による孤独感や疎外感というのは，まさに人間関係の乏しさによるものといえます。自己受容も，人との親密な関わりの中で，相手から受け入れられる経験を通して体得していくものです。自己・他者あるいは現実に対する柔軟な態度というのは，いわば適当なところで納得し

表 9-12　**青少年の自殺の動機**（「平成 23 年中における自殺の状況」内閣府
自殺対策推進室・警察庁生活安全局生活安全企画課より作成）

		人	%
家 庭 問 題	親子関係の不和	28	4.9
	家族からしつけ・叱責	26	4.6
	その他	32	5.6
	計	86	15.2
健 康 問 題	病気の悩み・影響（うつ病）	60	10.6
	病気の悩み・影響（統合失調症）	27	4.8
	病気の悩み・影響（その他の精神疾患）	34	6.0
	その他	18	3.2
	計	139	24.5
経済・生活問題	就職失敗	9	1.6
	生活苦	4	0.7
	その他	10	1.8
	計	23	4.1
勤 務 問 題	職場の人間関係	11	1.9
	仕事の失敗	7	1.2
	その他	15	2.6
	計	33	5.8
男 女 問 題	失恋	36	6.3
	その他交際をめぐる悩み	18	3.2
	その他	5	0.9
	計	59	10.4
学 校 問 題	入試に関する悩み	23	4.1
	その他の進路に関する悩み	54	9.5
	学業不振	50	8.8
	いじめ	5	0.9
	その他学友との不和	25	4.4
	その他	30	5.3
	計	187	33.0
そ の 他	孤独感	10	1.8
	後追い	6	1.1
	その他	24	4.2
	計	40	7.1
合　　計		567	100

たり，曖昧さにもちこたえたりする能力で，これもさまざまな人間関係にもまれて理屈通りにいかず思い通りにならない現実をしぶとく生きる力として培われていくものです。

　現代の青少年たちの問題行動とされるものの背後には，つかみどころのない自分と他人を前にしての不安や苛立ちが感じられます（榎本，1998）。このところ青少年の間で目立っているいじめ，不登校，摂食障害，引きこもりなども，その根っこにあるのは，幼時以来の人と関わる体験の乏しさなのではないかと考えられます。それが，人間関係能力の未熟さ，自信のなさ，自分や他人がわからないことによる不安などにつながっているのです。

9.4　ストレスコーピング

　現代はストレスの時代といわれます。人間関係や仕事・勉強に起因するストレスは，消化器系の潰瘍や偏頭痛といった身体症状，意欲喪失やうつといった精神症状など，多くのストレス症状を生んでいます（ラザルス，2007）。ストレスの原因となるものをストレッサーといいます。その中心となるのは，人間関係のトラブルや失恋，親や上司による叱責，成績の低下や受験の失敗，就活の失敗といったネガティブ・ライフイベントです。ただし，ネガティブ・ライフイベントが直ちにストレス反応を生むというわけではありません。同じようなネガティブ・ライフイベントを経験しても，胃潰瘍やうつのようなストレス反応を生じる人と，日常生活に何の支障もなく前向きに過ごしている人がいます。そこには認知的評価やストレスコーピングが関係します（図9-7）。

　認知的評価とは，ネガティブ・ライフイベントをどのように評価するかということです。同じように失恋したり受験に失敗したりしても，うつ的にいつまでも沈み込んでいる人もいれば，立ち直りの早い人もいます。前者は，取り返しのつかない出来事，自分の人生を台無しにする出来事のように後ろ向きに評価するため，深刻なストレス反応に見舞われるのです。一方後者は，辛いけど乗り越えるしかない試練だと前向きに評価するため，一時的に沈み込んでも立ち直りが早いのです。

表 9-13 **自殺を考えやすい性格の要素**（榎本，1996 より作成）

生真面目で融通がきかない	完璧主義が強すぎるゆえに自責や不全感に苦しむ。
非社会的で引っ込み思案	内向性が強いために引きこもりがちになり，問題を深刻化したり，周りからの救いが得られにくくなる。
情緒的に未成熟	情緒不安定になり自分の中の葛藤をうまく処理できず，パニックに陥ったり悲観的になったりしがち。
抑 制 的	適度な発散の方法を身につけていない場合，内面がかなりの緊張状態になる。
自信がない	悪状況の打開が困難であり，大きくつまずいたときに危機を迎える。
依 存 的	自力で状況を切り開こうとする気力に欠け，状況が好転しない場合依存対象への恨みや攻撃性を秘めた自殺につながる。
攻撃衝動が強い	処理しきれない攻撃性が自分自身に向かうことがある。
反社会的傾向がある	自己破壊衝動のために自らを防衛しない，事故と自殺との境界が不鮮明なケースが見られる。

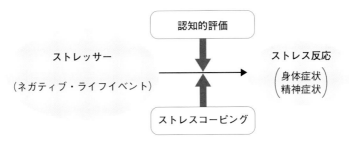

図 9-7 **ストレスとストレス反応**

　ストレスコーピングとは，趣味に浸ったり，運動したり，気心の知れた友だちとお喋りしたり，旅行に出かけたりして，ストレスを発散することをさします。ストレスの元になっている人間関係のトラブルを解消すべく仲直りするというのもストレスコーピングの一種で，課題志向型ストレスコーピングといいます。ただし，現実にはなかなか思うようにストレス源をなくせないことが多いため，上述のように発散させる情動志向型のストレスコーピングが中心となります。前向きの認知的評価をしたり，情動志向型のストレスコーピングを実践したりすることで，ストレッサーの影響を軽減し，ストレス反応を免れることができます（図9-8）。

情動志向型コーピング

　嫌な気分が持続しないように，情動発散や気分転換を
しようとする対処法。

課題志向型ストレスコーピング

　ストレス源となっている問題そのものの解決策・打開策
を冷静に検討しようとする対処法。

図 9-8　ストレスコーピング

●参 考 図 書

佐治 守夫（1966）. カウンセリング入門　国土社

　カウンセリングは単なる技法ではなく，相手に心から出会おうとする態度が大切であることを伝えようというロジャーズ派の臨床家による入門書です。

飯長 喜一郎（1998）. 実践カウンセリング初歩　垣内出版

　受理面接から終結まで，カウンセリングの実際の進め方やカウンセラーに求められる応答の仕方や態度を平易に解説したものです。

シュルツ, D.　中西 信男・古市 裕一（訳）（1982）. 健康な人格――人間の可能性
　　　　と七つのモデル――　川島書店

　病理をテーマとした書物が多く見られるのに対して，健康性を追求した数少ない書物の一つで，代表的な7人の心理学者の性格の健康性に関わる概念を比較検討しています。

フランクル, V. E.　山田 邦男（訳）（2002）. 意味への意志　春秋社

　私たちは遺伝や環境によって受け身に動かされる存在ではなく，日々の生活を意味で満たそうと能動的に動く存在であるとする実存分析家フランクルの講演録です。

榎本 博明（2017）. 心を強くするストレスマネジメント　日経文庫

　ストレス状態を把握し，ストレスを感じたら対処行動をとり，また日頃からストレスに強い心の習慣を身につけるためのストレスマネジメントについて，具体的に解説しています。

斎藤 環（2020）. 改訂版　社会的ひきこもり　PHP新書

　不登校の延長上に位置づけられる社会的ひきこもりについて，その要因を理解するための理論編，そしてその対処法を示す実践編により，わかりやすく解説しています。

岡田 尊司（2013）. ストレスと適応障害――つらい時期を乗り越える技術――　幻
　　　　冬舎新書

　環境の変化や人間関係のストレスによりうつ的状態に陥るものを適応障害としてとらえ，その実態や対処法について具体的に解説しています。

社　　会

　私たちは，社会的存在として，周囲の人々との関わりの世界を生きています。たとえば引きこもりが深刻な病理現象として問題とされることからもわかるように，私たちは社会という他者との関わりの世界に出ていき，うまくコミュニケーションを交わすことで，自分にとって居心地のよい環境をつくっていかなければなりません。そこで重要なのは，他者をどのように認知し，また他者からどのように認知されるかということ，そして他者とどのようにコミュニケーションをとるかということです。

10.1　対 人 認 知

　性格や能力といった比較的安定的な性質や，感情・意図・欲求といったその
ときどきの心理状態など，他者のもつ特性や心理状態について推測することを
対人認知といいます。

　対人認知に際して，私たちは相手に関するさまざまな次元の情報を用いてい
ます。たとえば，容姿・容貌や服装のような外見的手がかりや，社会的場面で
の行動的特徴，性格や自己概念や価値観のような内面的特徴など，あらゆる情
報を駆使して目の前の人物に対する印象をつくりあげていくのです（表 10-1）。

10.1.1　印 象 形 成

　対人認知についての典型的な研究に，印象形成に関するものがあります。他
者についての印象がどのようにつくられていくかを検討するものです。

　人に対していったんもたれた印象はなかなか変わらないということがよくい
われます。それは，印象形成の研究によっても証明されています。そのことを
端的に表すものとして，初頭効果というのがあります。初頭効果とは，初めに
与えられた情報が，その後に続く情報よりも有効に作用することをさすもので
す。これは，第一印象の大切さを示すものでもあります。初頭効果の存在を証
明した古典的な実験として，アッシュ（1946）によるものがあります。

　これは，ある見知らぬ人物について，その人物の性格を表す形容詞群を呈示
するという方法で紹介し，その後でその人物に対する印象を尋ねるというもの
です。その際，A系列とB系列の2通りの紹介の仕方を用意します（図 10-1）。
A系列とB系列は，まったく同じ形容詞群なのですが，呈示する順が逆になっ
ています。A系列では，初めのほうに好ましい形容詞が置かれ，中性的な形容
詞がそれに続き，終わりのほうにあまり好ましくないものが置かれています。
B系列では，それがまったく逆になっています。

　その結果，A系列からは「多少の欠点はあるものの，能力のある人物」のよ
うに肯定的な印象がつくられやすいのに対して，B系列からは「重大な欠点の
ために能力が発揮できない人物」のように否定的な印象がつくられやすいこと

表 10-1　**対人認知に用いられる情報の次元**

外見的手がかり	容姿・容貌・服装など相手の外見。
行動的特徴	相手の自分に対する行動や他者に対する行動など。
内面的特徴	相手の持続的なパーソナリティ特性，相手の感情的適応と自己概念，価値観など。

A 系列：知的な→勤勉な→衝動的な→批判力のある→強情な→嫉妬深い

B 系列：嫉妬深い→強情な→批判力のある→衝動的な→勤勉な→知的な

図 10-1　**アッシュによる初頭効果の実験**（Asch, 1946）

がわかりました。中性的な意味をもつ「衝動的」とか「批判力のある」といった形容詞も，A系列では肯定的に解釈されるのに対して，B系列では否定的に解釈されていました。

　このような結果は，はじめに肯定的な印象を与えられると，その後の情報も肯定的な意味をもつ方向に歪めて解釈されやすく，逆にはじめに否定的な印象を与えられると，その後の情報も否定的な意味をもつ方向に歪めて解釈されやすいということを証拠づけるものといえます。

　第一印象によってその後に得られる情報の取り入れ方が大きく左右されることがアッシュの実験によって示されたわけですが，そのような強大な影響力をもつ第一印象は，じつは実際に会う前からつくられることもあるのです。それを証明する古典的な実験がケリー（1950）によって行われています。

　それは，次のような実験です。まず，学生たちは，教室で臨時講師の人物像に関するメモを受け取ります（図10-2）。そのメモは，じつは2種類あって，その2つは1カ所を除いてまったく同じことが書かれていました。その1カ所ですが，図の「どちらかというと冷たい」のところが，「とても温かい」となっていました。半数の学生は「温かい」の入った紹介文を，残りの半数の学生は「冷たい」の入った紹介文を読みました。それを読み終わる頃，臨時講師が教室にやってきて，短い講義をします。その講師が退室した後，学生たちは講師に対する印象を形容詞リストにチェックするというやり方で評定します。

　結果を見ると，「冷たい」と紹介された学生たちと，「温かい」と紹介された学生たちでは，同じ人物を同じ教室で見ていながら，まったく違った印象を形成していました。大きな差が見られたのは，「他人を思いやる」「形式ばらない」「社交的」「人気がある」「ユーモアがある」などに関する評価で，「温かい」と紹介された学生たちのほうがすべてにおいてより肯定的に評価していました。まったく同じ場面で，同じ講師の言動にふれていながら，事前に与えられた情報の違いによって，ここまで印象が違ってきてしまうのです。第一印象の威力というのは，相当に強力なものだといわざるをえません。

　性格のような内面的な性質というのは，非常に曖昧なものです。それだけに，その推測過程には，相手が実際に示している特徴だけでなく，観察者自身の過

——氏は当マサチューセッツ工科大学の経済・社会科学部の大学院生である。彼は，他の大学で３学期間，心理学を教えた経験があるが，本校の心理学コースで講義をもつのは初めてである。彼は26歳の退役軍人で，既婚である。彼を知る人は彼のことを，どちらかというと冷たい人物であり，勤勉で，批判力に優れ，実際的で，決断力があるという。

図 10-2　**ケリーによる事前情報の効果をみる実験**（Kelley，1950；筆者訳）

去経験が無意識のうちに影響するということがあります。その典型といえるの
が，暗黙の性格観です。

　暗黙の性格観とは，性格特性同士，あるいは性格特性と行動や外見との関係
についての認知システムで，他者を認知する際に知らず知らずのうちに機能し
ているものです。たとえば，ある人は，これまでの経験によって，知的な人は
独立心も責任感も強く，しっかりしているけれども，競争心が強く，利己的で，
冷たくて思いやりがないといった性格観を暗黙のうちに身につけているとしま
す。そのような人が，あるよく知らない人物に関して知的であるという情報を
得ると，その人物に対して「利己的でつきあいづらい人物」といった印象を即
座にもってしまいがちです。実際には，知的な人物といっても，温かく思いや
りのある人物もいるはずですが，暗黙の性格観が機能して，「知的」という情
報を確認しただけで，暗黙の性格観の上でネットワーク化されているほかの性
質までもその人物がもっているものと思い込んでしまうのです（図10-3）。

10.1.2　対 人 魅 力

　ほとんど関心をひかない人物もいれば，妙に気になってしようがない人物と
いうのもいます。ある人物にとくにひかれ，別の人物にはそれほどひかれない
ということの背後には，どのようなメカニズムが働いているのでしょうか。こ
のような人をひきつける力を魅力といいますが，魅力のメカニズムを研究する
のが**対人魅力**の心理学です。

　対人魅力に関する社会心理学的研究により，近接の要因，単純接触の要因，
態度の類似性の要因などが見出されています。それぞれについて順に見ていく
ことにしましょう。

　近接の要因とは，物理的に近くにいることが対人魅力を生むということです。
セガル（1974）が行った友人関係の調査によれば，名前の最初の文字がアル
ファベット順で近い者同士が親しくなっています。また，フェスティンガーた
ち（1963）の大学の寄宿寮での調査では，全体の3分の2が同じ建物の住人を
友人として選び，そのまた3分の2は同じ階の住人を選んでいること，そして
同じ階でもドアが3つ以上離れている者よりも2つ離れている者のほうが，さ

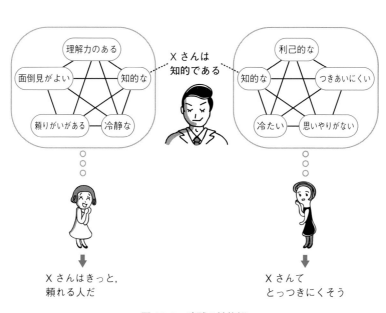

図 10-3　暗黙の性格観

らにそれよりもすぐ隣に住む者のほうが，友人として選択されていることが示されました。

　単純接触の要因とは，ただ単に接触頻度が多いというだけで対人魅力が生じるというものです。たとえば，これを証明したストッキングを用いた実験があります。新しいストッキングのブランドを紹介するという名目で行われた実験で，4種類の架空のブランド名がスライド映写によって紹介されました。映写回数は，ブランドによって異なり，それぞれ1回，4回，7回，10回でした。映写終了後，各ブランド名のついた箱を並べ，実験に協力してくれたお礼に好きな箱から一足持ち帰ってもらいました。箱の中のストッキングは，じつはどれも同じものだったのですが，後で数えてみると，映写回数の多かったブランド名の箱のストッキングほど減っていました（ベックネルたち，1963）。このような結果は，単に何度も目にするというだけで，その対象に対する好意的な気持ちが生じることを示唆するものといえます。

　態度の類似性の要因とは，態度，つまりものの見方や感じ方が似ている者同士の間に対人魅力が生じやすいということです。ニューカム（1961）は，大学の学生寮に新たに入った新入生を対象として，交友関係の追跡調査をしています。その結果，はじめのうちは同室の者や部屋の近い者が親しい相手として選ばれますが，しだいに態度の類似性が力を発揮し始めることが確認されました。つまり，態度の似た者同士の場合はより親密な関係へと進展していくことが多いのに対して，態度の異なる者同士の場合はだんだんと疎遠になっていくことが多いことがわかりました。学期末には，態度の類似性が関係の成否を決めているといってよいくらいに，圧倒的な力をもつようになっていたのです（表10-2）。

10.1.3　認知的バランス

　ハイダー（1958）の認知的バランス理論の中に，三者の認知関係をモデル化したP—O—Xモデルというのがあります（図10-4）。図で，Pは認知する人自身，Oは他者，Xは認知対象を意味します。Xは，モノや人，趣味や価値観のような形のないものまで，あらゆる認知対象が含まれます。

表 10-2　**対人魅力のメカニズム**

1. **近接の要因**

   物理的に近くにいる人を好きになる。

2. **単純接触の要因**

   接触する機会が多い人を好きになる。

3. **態度の類似性の要因**

   モノの見方や感じ方が似ている人を好きになる。

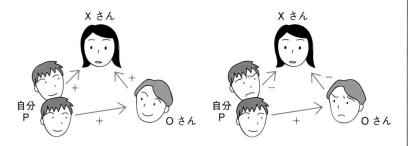

図 10-4　**安定した三者関係**
＋：肯定的感情。－：否定的感情。

　ハイダーは，単位関係と心情関係の 2 種類の関係を想定していますが，ここでは心情関係を見ていきましょう（図 10-5）。プラス符号は肯定的な感情関係，マイナス符号は否定的な感情関係を意味します。図の a は，P が X に好意的で，P はまた O にも好意的なのに，O は X に非好意的だと P がみなしているということを示しています。そして，認知的バランス理論では，3 つの符号の積がプラスになるとき P—O—X という三者のシステムは均衡状態にあり，マイナスになるときそれは不均衡状態にあるとみなします。不均衡状態では，不快感など心理的緊張が生じるため，それを解消しようとする動きが生じます。つまり，3 つの符号の積がプラスになるようにどこかの関係を変化させることで，P—O—X 関係を均衡状態にもっていこうとする動きが生じます。

　たとえば，P が O さんと親しい間柄にあるのに，P さんと同じく親しい間柄になった X さんに対して O さんが否定的であるというのが，図の a の状態です。このままでは三者の関係が落ち着きません。そこで，P さんは O さんに X さんのよいところを吹き込むことで，O さんにも X さんに対して肯定的な気持ちをもってもらおうと試みます。それが成功すると，3 つの符号のすべてがプラスとなり，関係は安定化します（図の b）。逆に，P さんが O さんから X さんの悪いところを吹き込まれ，X さんに対して否定的な気持ちをもつようになっても，3 つの符号の積がプラスとなり，X さんを排斥する形で P—O—X 関係は安定化します（図の c）。もし，X さんに対する態度を P も O も頑なに変えようとしないとき，P と O が決裂することで，3 つの符号の積がプラスとなり，P—O—X 関係は安定化します（図の d）。

　周囲の人たちとの間に対立が生じたときなど，P—O—X モデルに当てはめてみることで対立の構図の理解が進み，解決の糸口を見つける助けとなるかもしれません。

X さん

自分
P

O さん

a. 三者の関係は不安定

b. Oさんを説得し，X さんを好きになってもらう。

c. Oさんに合わせて自分もX さんを嫌いになる。

d. 意見が合わずO さんと決裂する。

図 10-5 **不安定な三者関係**
いずれかに変化すると，三者の関係は安定する。

10.2 共 感 性

10.2.1 共感性の構成要素

　思いやりのある行動，人を助けようという行動のことを向社会的行動といいますが，その中核にあるのが共感性であると考えられます。実際，向社会的行動と共感性の間には正の相関が報告されています（アイゼンバーグとミラー，1987；村上たち，2014；櫻井たち，2011）。向社会的行動をとるには，相手の立場や気持ちに共感することが必要です。共感というのは日常的によく使われる言葉ですが，心理学において共感性は認知的側面と感情的側面の双方からとらえるのが主流となっています（図10-6）。

　デイヴィス（1983）は，共感性の認知的側面を視点取得と空想でとらえ，感情的側面を共感的関心と個人的苦痛でとらえる尺度を作成しています。視点取得とは他者の視点に立ってものごとをとらえること，空想とは小説や映画の登場人物に自分を重ねることを指します。共感的関心とは他者に同情したり配慮したりすること，個人的苦痛とは援助が必要な場面で苦しみを味わうことを指します（図10-7）。

　共感性，とくに視点取得は，攻撃行動を抑制するように作用すると考えられます。たとえば，リチャードソンたち（1994）は，共感性が攻撃感情や対立的な反応と負の関係にあること，また相手の視点に立ってみるように言われた者はそうでない者より攻撃的な反応を示すことが少ないことを証明しています。

10.2.2 思いやり行動の出現率低下とやさしさの変容

　日本人の共感性の高さはしばしば指摘されるところですが，1990年前後から日本の子どもたちの思いやり行動の出現率の低下が，縦断的データや国際比較データによって示されています（坂井，2005）。ただし，国際比較データで日本の子どもたちの思いやり行動の出現率が低くなるのは，人のためになる行動をとったかどうか，とるかどうかを測定しているからであって，人を思いやる心をもっているかどうかを測定しているわけではないということが関係しているのではないでしょうか。思いやりの心はあっても行動に移せないという場

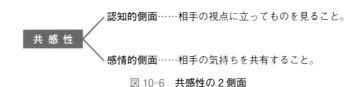

図 10-6　共感性の 2 側面

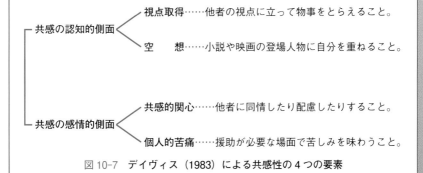

図 10-7　デイヴィス（1983）による共感性の 4 つの要素

合，適切な思いやり行動をとる社会的スキルが身についていないということが考えられますが，人を傷つけてはいけないという気持ちが強すぎて身動きがとれなくなるといった傾向があるとも考えられます（コラム10-1）。そうした傾向が，近年の子どもや若者の思いやり行動の出現率の低下につながっているのではないでしょうか（榎本，2017）。

　そのような傾向をやさしさの変容としてとらえた大平（1995）は，旧来のやさしさについて「相手の気持に配慮し，わが事のように考える一体感があった」とし，そのようなやさしい滑らかさが失われつつあると言います。一方，新しいやさしさでは，相手の気持ちを詮索しないことが欠かせないと言います。要するに，「相手の気持ちを察し，共感する」やさしさから「相手の気持ちに立ち入らない」やさしさへと変容したというわけです。傷を癒すやさしさよりも，傷つけないやさしさを重視する。だから相手の気持ちに立ち入らないようにする。そうすれば傷つけることはない。それが今の時代の若い世代に共有されているやさしさであり，思いやりであるということになります。

　そのような心理傾向が強まれば，相手の気持ちに立ち入ることを躊躇し，その結果として思いやりを行動に移すことがしにくくなります。ここで必要なのは，人の気持ちを多少傷つけても大丈夫という他者への信頼感を身につけ，人の気持ちを傷つけることを過剰に恐れる心理を克服することです。そういった観点から思いやり行動の出現率の低下について検討することも必要でしょう（榎本，2017）。

10.3　コミュニケーションと対人行動

10.3.1　自己開示

　自己開示とは，自分自身についての情報を伝えることです。つまり，文字通り自己を開き示すこと，自分をさらけ出すことです。

　自己開示が自分をさらけ出すことをさすのであれば，それは言語的な行為に限られるものではないはずです。表情や視線，しぐさも無言のうちに自己開示しているでしょうし，外には直接表れない心の構えのようなものも自己開示し

コラム10-1　行動にあらわれにくいやさしさ

　「欧米と比べて，日本では，「言葉に出さないやさしさ」というものも伝統的に大切にされてきた。

　察するというのは日本独自のコミュニケーションの仕方だと言われるが，何でも言葉に出せばいいというものではない，といった感覚が日本文化には根づいている。

　何か悩んでいそうな相手，落ち込んでいる様子の相手に，
「どうした？　元気ないけど，何かあったの？」
と声をかけるのもやさしさではあるが，人には言いにくいこともあるかもしれない，今は人に話をするような気分ではないかもしれないなどと考えて，あえて何も言わず，そっとしておく，というやさしさもある。

　また，同情されることで自尊心が傷つく場合もある。相手に負担をかけることを非常に心苦しく思う人もいる。そのような相手の場合は，同情の気持ちが湧いても，そっと見守る方がいい。そんなやさしさもあるだろう。

　そっと見守るやさしさは，見かけ上は人に無関心な態度と区別がつきにくいため，ともすると見逃されがちだが，誠実な人ほど，そのようなやさしさをもっていることが多い。

　照れやわざとらしくないかといった懸念から，やさしい言葉をかけられないという人もいる。控え目な人は，わざとらしさを嫌う。そのため，本心では何も心配していないのに，わざとらしくやさしい言葉をかける人の方が，周囲からやさしいとみなされたりする。

　とても繊細なやさしい気持ちをもつ人の場合，相手の気持ちを気遣うあまり，声をかけそびれるということもある。何か声をかけようとしても，思い浮かぶどの言葉も薄っぺらいような気がする。

（中略）

　こうしてみると，やさしさは，行動だけでなく，相手を思いやる気持ちとしてとらえる必要があるだろう。安易に言葉をかけるより，そっとしておく方が相手のためと思い，あえて声をかけずにおくのもやさしさに違いない。」

（榎本博明『「やさしさ」過剰社会』PHP新書）

たり自己隠蔽したりしているはずです。日記に自分の思いを綴ったり，詩や小説，絵画，音楽，演劇などを創作したり演じたりするのも，自己開示の一形態ということもできるでしょう。しかし，これまでのところ，自己開示についての心理学的研究は，言語的に自分自身について他者に語る行動に限定して行われています（榎本，1997）。

　そこでは，自己開示は，自分がどのような人物であるかを他者に言語的に伝える行動と定義されています。そして，自分の性格や身体的特徴，考えていることや感じていること，過去の経験や境遇，将来の夢など，自分の人物像を表すことがらを他者に伝達する行動を対象とした研究が行われています。

　人づきあいの中で，何かにつけて率直に胸の内を明かす人もいれば，あまりホンネの部分は明かさない人もいます。前者は自己開示性の高い人，後者は自己開示性の低い人ということができます。

　自己開示は，さまざまな次元でとらえることができます（図10-8）。その中でも，もっとも基本的な次元として，深さ，量，そして広がりをあげることができます。量的にはよく自己開示する人であっても，悩みごとや性格的な問題，将来の夢など比較的深い内容の話をよくする人もいれば，趣味や食べ物の好き嫌い，休日の過ごし方など浅い内容の話に終始しがちな人もいます。前者は深い自己開示をする人，後者は浅い自己開示しかしない人ということができます。また，同じように多く自己開示する人，同じような深さの自己開示をする人であっても，特定の話題領域に集中する人と，いろいろな領域の話題をめぐって自己開示する人がいます。前者は狭い自己開示をする人，後者は広い自己開示をする人といえます。

　自己開示の次元の評価基準について見ていきましょう（榎本，1997）。まず，深さですが，自分の内面に直接ふれる話題かどうかといった視点から内容的な深さを評価することができますが，それとは別に，感情を率直に表出する語り口であるかどうかといった視点から形式的な深さを評価することもできます。量についても，どの程度の数の話題を語ったか，どの程度の言葉数を自己開示に用いたかという頻度的な面から評価することができると同時に，どの程度の時間を自己開示に費やしたかという時間量の面から評価することもできます。

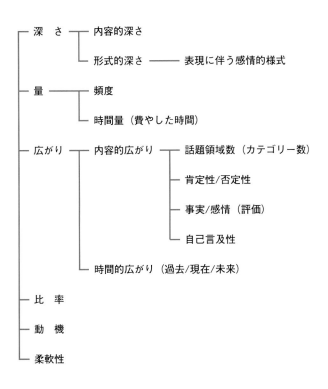

図 10-8　**自己開示の次元**（榎本，1997）

　ただし，この中の深さの形式的な面や量の時間的な面は，実験室的にとらえる
ことはできても，日常生活の自己開示傾向としてとらえることは難しいと思わ
れます。広がりについては，内容的な広がりと時間的な広がり（過去・現在・
未来のどれに関する内容であるかということ）を区別することができます。内
容的な広がりは，どの程度の数の話題領域に広がりをもつかといった側面だけ
でなく，その語られる内容が肯定的なものか否定的なものか，事実か感情や評
価を伴うものか，自分自身に直接言及するものかどうかといった観点からとら
えることもできます。**比率**というのは，語り全体に占める自己開示といえるも
のの割合をさします。**動機**とは，どのような意図のもとに行われた自己開示で
あるかに関するものです。**柔軟性**とは，相手や状況に応じて自己開示の内容や
深さを調節していけるかどうかに関するものです。

　日常的な自己開示傾向をとらえるには，質問紙形式で測定するのが一般的で
す。そこでは，家族や親しい相手など特定の相手を指定し，それぞれの相手に
対して，どのような自己の側面について（表 10-3，図 10-9），どの程度話し
ているかを尋ねます。一般に，自己の側面による開示のしやすさは男女で共通
ですが，全体に女子のほうが男子よりもよく自己開示することがわかっていま
す。

10.3.2　自己呈示

　自己呈示とは，他者に対して特定の印象を与えるために，自己に関する情報
を調整して与える行動のことです。ありのままに自分に関する情報を与える自
己開示と対照的なものですが，両者の区別は必ずしも明確ではありません。な
ぜなら，自己呈示というのは，意図的に行われるだけでなく，本人も意識しな
い形でいつのまにか行われているということもよくあるからです。自分のこと
をこんな風に見てほしいという思いは，だれにもあるはずです。それが知らず
知らずのうちに，自分をそのように見せかけるような行動に導くのです。

　自己呈示は，防衛的自己呈示と主張的自己呈示に大きく分けることができま
す（表 10-4）。

　防衛的自己呈示とは，他者から否定的な印象をもたれてしまう可能性がある

表 10-3　榎本の自己開示質問紙（ESDQ）の項目（榎本，1997）

項目番号	項 目 内 容	項目番号	項 目 内 容
1	知的能力に対する自信あるいは不安	9	職業的適性
16	興味を持って勉強していること	24	興味をもっている業種や職種
31	知的な関心事	39	人生における仕事の位置づけ
2	心をひどく傷つけられた経験	10	こづかいの使い道
17	情緒的に未熟と思われる点	25	自分の部屋のインテリア
32	嫉妬した経験	40	服装の趣味
3	現在持っている目標	11	親の長所や欠点
18	拠りどころとしている価値観	26	家屋に関する心配事
33	目標としている生き方	41	親に対する不満や要望
4	容姿・容貌の長所や短所	12	生きがいや充実感に関する事
19	外見的魅力を高めるために努力していること	27	人生における虚しさや不安
34	外見に関する悩み事	42	孤独感や疎外感
5	運動神経	13	休日の過ごし方
20	体質的な問題	28	芸能やスポーツに関する情報
35	身体健康上の悩み事	43	趣味としていること
6	性的衝動を感じた経験	14	文学や芸術に関する意見
21	性に対する関心や悩み事	29	最近の大きな事件に関する意見
36	性器に対する関心や悩み事	44	社会に対する不平・不満
7	友人に対する好き・嫌い	15	友達のうわさ話
22	友人関係における悩み事	30	芸能人のうわさ話
37	友人関係に求める事	45	関心のある異性のうわさ話
8	過去の恋愛経験		（高校生・大学生用に用いられているもの）
23	異性関係における悩み事		
38	好きな異性に対する気持		

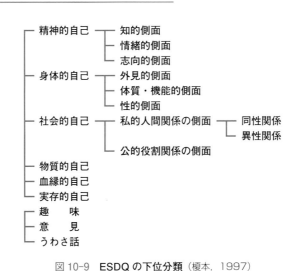

図 10-9　ESDQ の下位分類（榎本，1997）

とき，否定的な印象をもたれるのをできる限り避けようとして行う自己呈示の
ことです。防衛的自己呈示には，弁解や正当化，謝罪，セルフ・ハンディ
キャッピング，社会志向的行動などがあります（安藤，1994；深田，1998）。

　弁解は，相手から悪い印象をもたれないように，自分の否定的な行為に対す
る責任をできるだけ軽減しようとして行われる自己呈示です。これには，意図
の否定，自由意志の否定，状況要因の強調などの方略があります。

　正当化は，自分の行為が非難されるようなものではないことを主張する自己
呈示です。これには，影響が誤って伝えられていることの主張，因果応報の主
張，社会的比較などの方略があります。

　謝罪は，自分の行為が非難に値することを認め責任をとることを言明するも
のですが，内心は悪いと思っていないにもかかわらず，他者による非難や報復
を避けようとしてこれを行うときに，自己呈示となります。これには，罪悪感，
悔恨，困惑の表出，何が適切な行為であったかを認識していることの言明，正
しい行為がこれから行われることの保証などの方略があります。

　セルフ・ハンディキャッピングは，自分が否定的な評価を受ける可能性があ
るときに，前もって自分にはハンディキャップがあることを主張したり，実際
にハンディキャップをつくり出すことで，失敗による評価の低下や印象の悪化
を予防しようとする自己呈示です。たとえば，久しぶりにスキーをするときに
「スキーをするのは5年ぶりだからうまく滑れるかどうか」といってみたり，
スポーツ・テストや学科試験の場で「今日はちょっと体調が悪くて」といって
みたりするのも，セルフ・ハンディキャッピングの一種ということができます
（図10-10）。

　社会志向的行動は，社会的に評価される価値ある行動をとることで，問題と
なっている不適切な行動が偶発的なものであるといった認識をつくり出そうと
する自己呈示です。たとえば，ある人物をいじめているのをだれかに知られた
後で，その人物に対して親切な行動をこれ見よがしにとったりする方略です。

　主張的自己呈示とは，他者に特定の印象を与えることを意図して積極的に行
う自己呈示のことです。主張的自己呈示には，取り入り，自己宣伝，示範のよ
うな肯定的な印象を与えようとするものと，威嚇や哀願のような否定的な印象

表 10-4 自己呈示の分類

防衛的自己呈示	他者が自分に対して否定的な印象を抱いたり，抱く可能性があるとき，自分のイメージをそれ以上傷つけないようにしたり，少しでもそれを良い方向に変えようとする試み。 （例：弁解，正当化，謝罪，セルフ・ハンディキャッピング，社会志向的行動）
主張的自己呈示	特定の印象を他者に与えることを目的にして，積極的に自らの行動を組み立てていく試み。 （例：取り入り，自己宣伝，示範，威嚇，哀願）

図 10-10 さまざまなセルフ・ハンディキャッピング

を与えようとするものとがあります（安藤，1994；深田，1998）。

　取り入りは，相手から好意的印象を得るために，相手のごきげんをとるような行動をとる自己呈示で，とくに自分に影響力の大きい相手に対して行われることの多いものです。これには，他者高揚（お世辞）や意見同調があります。

　自己宣伝は，自分が有能な人物，相手にとって役に立つ人物であるといった印象を与えるために，誇張した自己描写を行う自己呈示です。

　示範は，影響力を獲得するために，自分が立派な人物だという印象を与えようとする自己呈示です。献身的努力や自己犠牲的援助を演技として行う場合に，この種の自己呈示になります。

　威嚇は，相手を思い通りに動かすため，こちらの意に反した場合に否定的な結果がもたらされるのではないかといった恐怖感情を生じさせる自己呈示です。

　哀願は，かわいそうな人物だといった印象を相手にもたせることで，大目に見てもらうとか援助してもらうなど，相手から何らかの報酬を得ようとする自己呈示です。

10.3.3　非言語的コミュニケーション

　非言語的コミュニケーションは，言語によるコミュニケーション以外のあらゆるコミュニケーションをさします。非言語的コミュニケーションには，表情や身振りなど身体動作によるもの（ボディ・ランゲージ），身体距離のとり方や座席のとり方のような空間行動によるもの，話すテンポや声の高さ・大きさのような発話の内容でなく音によるもの（パラ・ランゲージ），身体にふれたり抱擁したりといった身体接触によるものなどがあります。

　コミュニケーションの場面でもっとも目立つ非言語的コミュニケーションは，顔の表情によるものでしょう（図10-11）。エクマンとフリーセン（1975）によれば，顔の表情は，驚き，恐怖，嫌悪，怒り，幸福，悲しみという6つの基本的情動に対応して変化します。このような基本的な情動に対応する表情は，文化を越えて共通であることが確認されています。

　また，ザッカイムとガー（1978）は，顔写真を真ん中で2分し，顔の左半分から合成された顔写真と右半分から合成された顔写真を用いた実験により，情

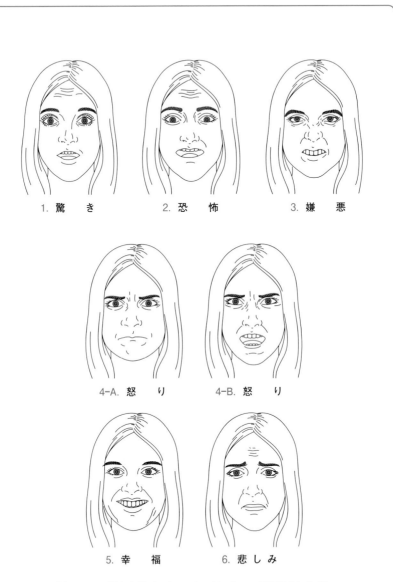

図10-11 **顔の表情**（エクマンとフリーセン，1975より作成）

動が顔の右側より左側に強く表出されることを確認しました。

　空間行動も，私たちが日常的によく用いる非言語的コミュニケーションです。ホール（1970）によれば，対人距離は，密接距離，個体距離，社会距離，公衆距離の4つの距離帯に分けることができます。密接距離（45cm 以内）は，相手の息づかいや匂いがわかるきわめて近い距離で，親密な間柄にある者同士がとるものです。個体距離（45 〜 120cm）は，手を伸ばせば相手の身体にふれることができる距離で，私的なコミュニケーションに用いられます。社会距離（120 〜 360cm）は，相手の身体にふれることができない距離で，公式のコミュニケーションに用いられます。公衆距離（360cm 以上）は，個人と個人のコミュニケーションでなく多くの聴衆に対するコミュニケーションに用いられます。私たちは，このような距離帯を相手との関係の性質や自分自身の目的に応じて使い分けているのです。

　座席のとり方も，コミュニケーションにとって大切です。たとえば，長方形のテーブルを囲んで集団で話し合う場面で，短い一辺に座るリーダーは課題中心のリーダーシップをとり，長い一辺の中央に座るリーダーは人間関係を重視するリーダーシップをとり，テーブルの角に座る人は話し合いに積極的に参加したくない人だということがわかっています（ハレとベイルズ，1963）。教室でも，参加する姿勢のある学生は前のほうに座りますが，参加する姿勢の乏しい学生は後ろのほうに座る傾向があるのは，教師なら経験的に知っていることです。実際，教室で前のほうに座る学生は後ろのほうに座る学生よりも成績がよいことも確かめられています（レヴィンたち，1980）。

　2人場面に関しても，話をする場面ではテーブルの角をはさんで座ったり，向き合って座ったりすることが多く，協力し合う場面では横並びすることが多く，競争する場面では向き合って座ることが多いことも示されています（図10-12：ソマー，1969）。

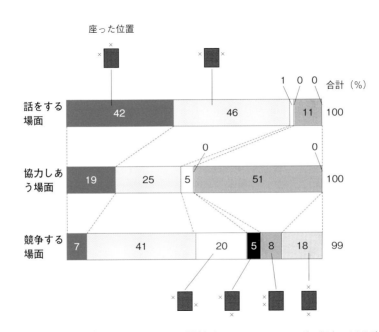

図 10-12　**テーブルの座り方と 2 人の関係**（Sommer，1969；林・榎本，1986）

●参考図書

安藤　清志・大坊　郁夫・池田　謙一（1995）．現代心理学入門4　社会心理学　岩波
　　　書店

　実験社会心理学の立場から，代表的な研究や概念・理論を解説した入門書です。

永田　良昭・船津　衛（編著）（1987）．社会心理学の展開　北樹出版

　社会学的社会心理学の立場から書かれた入門書で，コミュニケーションを軸にし
ているところに特徴があります。

大渕　憲一・堀毛　一也（編）（1996）．パーソナリティと対人行動　誠信書房

　個人のパーソナリティと社会的状況との相互作用から対人行動のメカニズムを解
明しようという立場から行われてきた研究を概説するものです。

榎本　博明（1997）．自己開示の心理学的研究　北大路書房

　自己開示についての理論的な面や実証的研究の具体例について体系的かつわかり
やすく解説しています。

下斗米　淳（編）（2008）．自己心理学6　社会心理学へのアプローチ　金子書房

　自己の社会性，自己と社会的行動，自己と社会適応の3部構成で，社会心理学に
おける自己研究の最新の成果が紹介されています。

池田　謙一・唐沢　穣・工藤　恵理子・村本　由紀子（2019）．補訂版　社会心理学
　　　有斐閣

　社会心理学の基礎知識から最新の研究動向まで幅広く解説しており，社会心理学
についてさらに学びたいときに有用なテキストとなっています。

引 用 文 献

1 章

Bruner, J. S., & Minturn, A. L.（1995）. Perceptual identification and perceptual organization. *Journal of General Psychology, 53,* 21–28.

ドラーイスマ, D.（2001）. 鈴木 晶（訳）（2009）. なぜ年をとると時間の経つのが速くなるのか――記憶と時間の心理学―― 講談社

榎本 博明（2011）. 大人の時間 日本発達心理学会（編）子安 増生・白井 利明（責任編集）発達科学ハンドブック 3 時間と人間（pp.113-129） 新曜社

Fisher, G. H.（1967）. Preparation of ambiguous stimulus materials. *Perception and Psychophysics, 2,* 421–422.

ジェームズ, W.（1892）. 今田 寛（訳）（1992-1993）. 心理学（上）（下） 岩波書店（岩波文庫）

Kanizsa, G.（1976）. Subjective contours. *Scientific American, 23*（4）, 48–52.

松田 文子（1965）. 時間評価の発達 I――言語的聴覚刺激のまとまりの効果―― 心理学研究, *36,* 169–177.

松田 文子（1991）. 時間評価に及ぼす刺激頻度と課題の困難度の効果の関係 日本心理学会第 55 回大会発表論文集, 138.

松田 文子（1996）. 時間評価 松田 文子・調枝 孝治・甲村 和三・神宮 英夫・山崎 勝之・平 伸二（編著）心理的時間――その広くて深いなぞ――（pp.88-144） 北大路書房

森川 和則（2015）. 化粧による顔の心理効果――顔錯視研究の観点から―― 映像情報メディア学会誌, *69,* 842–847.

滝沢 武久（1981）. 時間の発達心理学 村上 陽一郎（編）時間と人間（pp.23-39） 東京大学出版会

2 章

Anderson, C. A., & Bushman, B. J.（2001）. Effects of violent video games on aggressive behavior, aggressive cognition, aggressive affect, physiological arousal, and prosocial behavior：A meta-analytic review of the scientific literature. *Psychological Science, 12,* 353–359.

東 洋（著）柏木 惠子（編）（1989）. 教育の心理学――学習・発達・動機の視点―― 有斐閣

バンデューラ, A.（1977）. 原野 広太郎（監訳）（1979）. 社会的学習理論――人間理解と教育の基礎―― 金子書房

Deci, E. L.（1971）. Effects of externally mediated rewards on intrinsic motivation. *Journal of Personality and Social Psychology, 18*, 105−115.

Deci, E. L., Eghrari, H., Patrick, B. C., & Leone, D. R.（1994）. Facilitating internalization：The self-determination theory perspective. *Journal of Personality, 62*, 119−142.

Deci, E. L., Koestner, R., & Ryan, R. M.（1999）. A meta-analytic review of experiments examining the effects of extrinsic rewards on intrinsic motivation. *Psychological Bulletin, 125*, 627−668.

フロム, E.（1941）. 日高 六郎（訳）（1951）. 自由からの逃走 東京創元社

ホール, E. T.（1976）. 岩田 慶治・谷 泰（訳）（1979）. 文化を超えて TBS ブリタニカ

Huesman, L. R.（2007）. The impact of electronic media violence：Scientific theory and research. *Journal of Adolescent Health, 41*, S6−S13.

Huesman, L. R., Moise-Titus, J., Podolski, C., & Eron, L. D.（2003）. Longitudinal relations between children's exposure to TV violence and their aggressive and violent behavior in young adulthood：1977−1992. *Developmental Psychology, 39*, 201−221.

クラックホーン, C.（1949）. 光延 明洋（訳）（1971）. 人間のための鏡——アメリカの文化人類学の世界的権威による古典的名著—— サイマル出版会

Paik, H., & Comstock, G.（1994）. The effects of television violence on antisocial behavior：A meta-analysis. *Communication Research, 21*, 516−546.

Rotter, J. B.（1966）. Generalized expectancy for internal vs. external control of reinforcement. *Psychological Monographs, 80*, 1−28.

Rubin, E.（1921）. *Visuell wahrgenommene Figuren*. Gyldendalske.

Ryan, R. M., & Deci, E. L.（2000）. Intrinsic and extrinsic motivation：Classic definitions and new directions. *Contemporary Educational Psychology, 25*, 54−67.

Seligman, M. E. P.（1975）. *Helplessness：On depression, development, and death*. Freeman.

Skinner, B. F.（1938）. *The behavior of organisms：An experimental analysis*. Prentice-Hall.

竹綱 誠一郎（1984）. 自己評価反応が漢字学習に及ぼす効果 教育心理学研究, *32*, 315−319.

臼井 博（2001）. シリーズ認識と文化 9 アメリカの学校文化 日本の学校文化——学びのコミュニティの創造—— 金子書房

Weiner, B., Heckhausen, H., Meyer, W. U., & Cook, R. E.（1972）. Causal ascriptions and achievement behavior：A conceptual analysis of effort and reanalysis of locus of control. *Journal of Personality and Social Psychology, 21*, 239−248.

Yerkes, R. M., & Morgulis, S.（1909）. The method of Pavlov in animal psychology. *Psychological Bulletin, 6*, 257−273.

Zimmerman, B. J.（1986）. Becoming a self-regurated leraner：Which are the key subprocesses? *Contemporary Educational Psychology, 11*, 307−313.

Zimmerman, B. J.（1989）. A social cognitive view of self-regulated academic learning. *Journal of Educational Psychology, 81*, 329−339.

3章

Alloway, T. P., Gatthercole, S. E., Kirkwood, H., & Elliott, J. (2009). The cognitive and behavioral characteristics of children with low working memory. *Child Development, 80,* 606-621.

Alloway, T. P., & Alloway, R. G. (2010). Investigating the predictive roles of working memory and IQ in academic attainment. *Journal of Experimental Child Psychology, 106,* 20-29.

Atkinson, R. C., & Shiffrin, R. M. (1968). Human memory : A proposed system and its control processes. In K. W. Spence, & I. T. Spence (Eds.), *The psychology of learning and motivation : Advance in research and theory.* Vol.2 (pp.89-195). Academic Press.

Atkinson, R. C., & Shiffrin, R. M. (1971). The control of short-term memory. *Scientific American, 225,* 82-90.

バートレット, F. C. (1932). 宇津木 保・辻 正三 (訳) (1983). 想起の心理学──実験的社会的心理学における一研究── 誠信書房

Bower, G. H. (1981). Mood and memory. *American Psychologist, 36,* 129-148.

バックホート, R. (1982). 目撃者証言 ナイサー, U. (編) 富田 達彦 (訳) (1988). 観察された記憶 (上) ──自然文脈での想起── (pp.138-149) 誠信書房

Cain, K. (2006). Children's reading comprehension : The role of working memory in normal and impaired development. In S. J. Pickering (Ed.), *Working memory and education* (pp.61-91). London : Academic Press.

Cain, K., Oakhill, J. V., & Bryant, P. E. (2004). Children's reading comprehension ability : Concurrent prediction by working memory, verbal ability, and component skills. *Journal of Educational Psychology, 96,* 31-41.

Cowan, N. (2016). Working memory maturation : Can we get at the essence of cognitive growth? *Perspectives on Psychological Science, 11,* 239-264.

Craik, F. I. M., & Lockhart, R. S. (1972). Levels of processing : A framework for memory research. *Journal of Verbal Learning and Verbal Behavior, 11,* 671-684.

Dudycha, G. J., & Dudycha, M. M. (1941). Childhood memories : A review of the literature. *Psychological Bulletin, 38,* 668-682.

榎本 博明 (1999). 〈私〉の心理学的探求──物語としての自己の視点から── 有斐閣 (有斐閣選書)

榎本 博明 (2012). ビックリするほどよくわかる記憶のふしぎ──眠っているときに記憶が整理される? 記憶力を高める技術とは?── ソフトバンククリエイティブ (サイエンス・アイ新書)

藤永 保 (監修) (2013). 最新 心理学事典 平凡社

ギャザコール, S. E. ・アロウェイ, T. P. (2008). 湯澤 正通・湯澤 美紀 (訳) (2009). ワーキングメモリと学習指導──教師のための実践ガイド── 北大路書房

Gathercole, S. E., Pickerring, S. J., Ambridge, B., & Wearing, H. (2004). The structure of working memory from 4 to 15 years of age. *Developmental Psychology, 40,* 177-190.

Halliday, G. (1992). Developmental amnesia. *Journal of Contemporary Psychology, 22* (3), 173

-181.

厳島 行雄（2000）．目撃証言 太田 信夫・多鹿 秀継（編著）記憶研究の最前線（pp.171-
196） 北大路書房

Jenkins, J. G., & Dallenbach, K. M.（1924）. Oblivescence during sleep and waking. *American Journal of Psychology, 35*, 605-612.

Lewinsohn, P. M., & Rosenbaum, M.（1987）. Recall of parental behavior by acute depressives, remitted depressives, and nondepressives. *Journal of Personality and Social Psychology, 52*, 611-619.

Loftus, E. F., & Palmer, J. C.（1974）. Reconstruction of automobile destruction. *Journal of Verbal Learning and Verbal Behavior, 13*, 583-589.

ロフタス, G. R.・ロフタス, E. F.（1976）．大村 彰道（訳）（1980）．人間の記憶――認知心理学入門―― 東京大学出版会

Miller, G. A.（1956）. The magical number seven, plus or minus two：Some limits on our capacity for processing information. *Psychological Review, 63*, 81-97.

水口 啓吾・湯澤 正通（2020）．授業デザインがワーキングメモリの小さい生徒の授業態度に及ぼす影響――先行学習を取り入れた授業に焦点を当てて―― 発達心理学研究, *31*, 67-79.

ナイサー, U.（1982）．スナップ写真か水準点か？ ナイサー, U.（編）富田 達彦（訳）（1988）．観察された記憶（上）――自然文脈での想起――（pp.51-58） 誠信書房

Neisser, U., & Harsch, N.（1992）. Phantom flashbulbs：False recollections of hearing the news about Challenger. In E. Winograd, & U. Neisser（Eds.）, *Affect and accuracy in recall： Studies of 'flashbulb' memories*. Cambridge University Press.

大山 正（1993）．記憶 大山 正・詫摩 武俊・中島 力 心理学〔新版〕（pp.104-117） 有斐閣（有斐閣双書）

Peterson, L. R., & Peterson, M. J.（1959）. Short-term retension of individual verbal items. *Journal of Experimental Psychology, 58*, 193-198.

Raghubar, K. P., Barnes, M. A., & Hecht, S. A.（2010）. Working memory and mathematics：A review of developmental, individual difference, and cognitive approaches. *Learning and Individual Differences, 20*, 110-122.

Rogers, T. B., Kuiper, N. A., & Kirker, W. S.（1977）. Self-reference and the encoding of personal information. *Journal of Personality and Social Psychology, 35*, 677-688.

Rubin, D. C., Wetzler, S. E., & Nebes, R. D.（1986）. Autobiographical memory across the lifespan. In D. C. Rubin（Ed.）, *Autobiographical memory*（pp.202-221）. Cambridge University Press.

相良 陽一郎（2000）．日常記憶 太田 信夫・多鹿 秀継（編著）記憶研究の最前線（pp.151-
169） 北大路書房

Swanson, H. L., & Howell, M.（2001）. Working memory, short-term memory, and speech rate as predictors of children's reading performance at different ages. *Journal of Educational*

Psychology, 93, 720-734.

谷口 高士（2002）．感情と認知　井上 毅・佐藤 浩一（編著）日常認知の心理学（pp.209-224）　北大路書房

豊田 弘司（1989）．偶発学習に及ぼす自伝的精緻化の効果　教育心理学研究, *37*, 234-242.

Toyota, H.（1997）. Effects of between-item elaboration, within-item elaboration, and autobiographical elaboration on incidental free recall. *Perceptual and Motor Skills, 85*, 1279-1287.

Warren, M. W., Hughes, A. T., & Tobias, S. B.（1985）. Autobiographical elaboration and memory for adjectives. *Perceptual and Motor Skills, 60*, 55-58.

湯澤 正通・渡辺 大介・水口 啓吾・森田 愛子・湯澤 美紀（2013）．クラスでワーキングメモリの相対的に小さい児童の授業態度と学習支援　発達心理学研究, *30*, 253-265.

4章

東 洋・柏木 惠子・ヘス, R. D.（1981）．母親の態度・行動と子どもの知的発達——日米比較研究——　東京大学出版会

Ball, S., & Bogatz, G. A.（1973）. Research on SESAMI STREET：Some implications for compensatory education. In J. C. Stanley（Ed.）, *Compensatory education for children, age 2 to 8*（pp.11-12）. Johns Hopkins University Press.

榎本 博明（1999）．〈私〉の心理学的探求——物語としての自己の視点から——　有斐閣（有斐閣選書）

榎本 博明（2000a）．語りのなかで変容していく〈わたし〉　発達, *82*, 38-47.

榎本 博明（2000b）．成人期における発達課題　大阪大学大学院人間科学研究科紀要, *26*, 65-83.

榎本 博明（2004）．ライフサイクルとパーソナリティの発達　榎本 博明・桑原 知子（編著）新訂　人格心理学（pp.102-121）　放送大学教育振興会

エリクソン, E. H.（1982）．村瀬 孝雄・近藤 邦夫（訳）（1989）．ライフサイクル, その完結　みすず書房

Feiring, C., & Taska, L. S.（1996）. Family self-concept：Ideas on its meaning. In B. A. Bracken（Ed.）, *Handbook of self concept*（pp.317-373）. John Wiley.

藤永 保（2001）．ことばはどこで育つか　大修館書店

藤永 保・斎賀 久敬・春日 喬・内田 伸子（1987）．人間発達と初期環境　有斐閣

ハヴィガースト, R. J.（1953）．荘司 雅子（監訳）（1995）．人間の発達課題と教育　玉川大学出版部

井上 健治（1979）．子どもの発達と環境　東京大学出版会

柏木 惠子（1996）．発達とは？　柏木 惠子・古澤 頼雄・宮下 孝広　発達心理学への招待——こころの世界を開く30の扉——　ミネルヴァ書房

古澤 頼雄（1996）．思いやる心　柏木 惠子・古澤 頼雄・宮下 孝広　発達心理学への招待——こころの世界を開く30の扉——　ミネルヴァ書房

レビンソン, D. J.（1978）．南 博（訳）（1992）．ライフサイクルの心理学（上）（下）　講談

社（講談社学術文庫）

守屋 慶子（1977）．ソビエトの発達心理学　村井 潤一（編）発達の理論（pp.117-145）ミネルヴァ書房

下仲 順子（1990）．中年期の発達　無藤 隆・高橋 惠子・田島 信元（編）発達心理学入門Ⅱ——青年・成人・老人——（pp.101-118）東京大学出版会

田島 信元（1990）．青年・成人・老人を生涯発達に位置づける　無藤 隆・高橋 惠子・田島 信元（編）発達心理学入門Ⅱ——青年・成人・老人——（pp.1-10）東京大学出版会

ヴィゴツキー, L. S.（1935）．土井 捷三・神谷 栄司（訳）（2003）．「発達の最近接領域」の理論——教授・学習過程における子どもの発達——　三学出版

5章

安達 智子（2001）．進路選択に対する効力感と就業動機，職業未決定の関連について——女子短大生を対象とした検討——　心理学研究, 72, 10-18.

Berndt, T. J., & Hoyle, S. G.（1985）. Stability and change in childhood and adolescent friendships. *Developmental Psychology, 21*, 1007-1015.

Berndt, T. J., Hawkins, J. A., & Hoyle, S. G.（1986）. Changes in friendship during a school year‥Effects on children's and adolescents' impressions of friendship and sharing with friends. *Child Development, 57*, 1284-1297.

Bringle, R. G.（1991）. Psychosocial aspects of jealousy：A transactional model. In P. Salovey（Eds.）, *The psychology of jealousy and envy*（pp.103-131）. New York：The Guilford Press.

遠藤 毅（1981）．自己概念に関する研究　日本教育心理学会第23回総会発表論文集, 420-421.

榎本 博明（1988）．孤独感の心理学のための概念的考察　名城大学教職課程部紀要, 21, 85-102.

榎本 博明（1991）．自己開示と自我同一性の関係について　中京大学教養論叢, 32（1）, 187-199.

榎本 博明（2000）．想起する年代と過去への態度および自己関連尺度との関係　日本性格心理学会第9回大会発表論文集, 72-73.

榎本 博明（2001a）．自分の未来への態度　日本発達心理学会第12回大会発表論文集, 159.

榎本 博明（2001b）．恋愛の心理学　三笠書房（知的生き方文庫）

榎本 博明（2002）．〈ほんとうの自分〉のつくり方——自己物語の心理学——　講談社（講談社現代新書）

榎本 博明（2010）．キャリア教育　榎本 博明（編著）発達心理学（pp.187-205）おうふう

榎本 博明（2012）．「やりたい仕事」病　日本経済新聞出版社（日経プレミアシリーズ）

榎本 博明・横井 優子（2000）．自分の過去への態度想起傾向・とらわれ・イメージ　日本心理学会第64回大会論文集, 66.

エリクソン, E. H.（1959）．小此木 啓吾（訳編）（1973）．自我同一性——アイデンティティ

とライフサイクル―― 誠信書房

Fischer, J. L.（1981）. Transitions in relationship styles from adolescence to young adulthood. *Journal of Youth and Adolescence, 10*, 11-24.

藤井 義久（1999）．女子学生における就職不安に関する研究　心理学研究，*70*，417-420.

神野 雄（2016）．多次元恋愛関係嫉妬尺度の作成と信頼性・妥当性の検討　パーソナリティ研究，*25*, 86-88.

キンメル, D. C.・ワイナー, I. B.（1995）．河村 望・永井 撤（監訳）（2002）．思春期・青年期の理論と実像――米国における実態研究を中心に――　ブレーン出版

レヴィン, K.（1951）．猪股 佐登留（訳）（1974）．社会科学における場の理論　誠信書房

リフトン, R. J.（1967）．外林 大作（訳）（1971）．誰が生き残るか――プロテウス的人間――誠信書房

Marcia, J. E.（1966）. Development and validation of ego-identity status. *Journal of Personality and Social Psychology, 3*, 551-558.

三木 佳光（2005）．キャリア発達の概念と大学のキャリア形成支援の一考察　文教大学国際学部紀要，*15*, 151-174.

Orlofsky, J. L., Marcia, J. E., & Lesser, L. M.（1973）. Ego identity status and the intimacy versus isolation crisis of young adulthood. *Journal of Personality and Social Psychology, 27*, 211-219.

Parrott, W. G.（1991）. The emotional experiences of envy and jealousy. In P. Salovey（Eds.），*The psychology of jealousy and envy*（pp.3-30）. New York：The Guilford Press.

Pfeiffer, S. M., & Wong, P. T. P.（1989）. Multidimensional jealousy. *Journal of Social and Personal Relationships, 6*, 181-196.

ルービン, Z.（1970）．市川 孝一・樋野 芳雄（訳）（1981）．好きになること愛すること――社会心理学への招待――　思索社

下村 英雄・木村 周（1994）．大学生の就職活動における就職関連情報と職業未決定　進路指導研究，*15*, 11-19.

白井 利明（2003）．大人へのなりかた――青年心理学の視点から――　新日本出版社

スタンダール　前川 堅市（訳）（1931）．恋愛論　岩波書店（岩波文庫）

高野 悦子（1971）．二十歳の原点　新潮社（新潮文庫）

White, G. L.（1981）. A model of romantic jealousy. *Motivation and Emotion, 5*, 295-310.

柳井 修（2001）．キャリア発達論――青年期のキャリア形成と進路指導の展開――　ナカニシヤ出版

6章

オールポート, G. W.（1961）．今田 恵（監訳）（1968）．人格心理学（上）（下）　誠信書房

安藤 寿康（1998）．行動遺伝学と性格　詫摩 武俊（監修）青木 孝悦・杉山 憲司・二宮 克美・越川 房子・佐藤 達哉（編集企画）性格心理学ハンドブック（pp.264-274）　福村出版

安藤 寿康（2009）．生命現象としてのパーソナリティ　榎本 博明・安藤 寿康・堀毛 一也　パーソナリティ心理学——人間科学，自然科学，社会科学のクロスロード——（pp.111-133）　有斐閣

東 洋・柏木 惠子・ヘス, R. D.（1981）．母親の態度・行動と子どもの知的発達——日米比較研究——　東京大学出版会

Benjamin, J., Patterson, C., Greenberg, B. D., Murphy, D. L., & Hamer, D. H.（1996）. Population and familial association between the D4 dopamine receptor gene and measures of novelty seeking. *Nature Genetics, 12,* 81-84.

Costa, P. T. Jr., & McCrae, R. R.（1995）. Domains and facets：Hierarchical personality assessment using the revised NEO personality inventory. *Journal of Personality Assessment, 64,* 21-50.

榎本 博明（1986）．性格の把握　林 洋一・榎本 博明（編著）現代心理学　北大路書房

榎本 博明（1996）．性格の見分け方　創元社

榎本 博明（1999）．〈私〉の心理学的探求——物語としての自己の視点から——　有斐閣（有斐閣選書）

榎本 博明（2000）．語りのなかで変容していく〈わたし〉　発達，*82,* 38-47.

榎本 博明（2001）．語りにあらわれる自己物語の文脈（3）——青年の面接調査より①——　日本性格心理学会第10回大会発表論文集，104-105.

榎本 博明（2002）．〈ほんとうの自分〉のつくり方——自己物語の心理学——　講談社（講談社現代新書）

榎本 博明（2008a）．語りを素材に自己をとらえる　榎本 博明・岡田 努（編）自己心理学1　自己心理学研究の歴史と方法（pp.104-128）　金子書房

榎本 博明（2008b）．自己物語から自己の発達をとらえる　榎本 博明（編）自己心理学2　生涯発達心理学へのアプローチ（pp.62-81）　金子書房

榎本 博明・横井 優子（2001）．語りにあらわれる自己物語の文脈（1）——老人の面接調査より①——　日本心理学会第65回大会発表論文集，947.

Eysenck, H. J., & Wilson, G.（1975）. *Know your own personality.* Pelican Books.

フロイド, S.（1932）．古沢 平作（訳）（1953）．フロイド選集第3巻　続精神分析入門　日本教文社

クレッチメル, E.（1955）．相場 均（訳）（1960）．体格と性格——体質の問題および気質の学説によせる研究——　文光堂

Josselson, R.（2006）. Narrative research and the challenge of accumulating knowledge. *Narrative Inquiry, 16,* 3-10.

Lesch, K. P., Bengel, D., Heils, A., Sabol, S. Z., Greenberg, B. D., Petri, S., Benjamin, J., Muller, C. R., Hamer, D. H., & Murphy, D. L.（1996）. Association of anxiety-related traits with a polymorphism in the serotonin transporter gene regulatory region. *Science, 274,* 1527-1531.

McAdams, D. P.（2006）. The role of narrative in personality psychology today. *Narrative*

Inquiry, *16*, 11–18.

プロミン, R.（1990）. 安藤 寿康・大木 秀一（訳）（1994）. 遺伝と環境——人間行動遺伝学入門—— 培風館

周防 諭・石浦 章一（1999）. 性格と遺伝子 生物の化学 遺伝 別冊 No. 11 脳・心・進化（pp.113-120） 裳華房

詫摩 武俊（1967）. 性格はいかにつくられるか 岩波書店（岩波新書）

トーマス, A.・チェス, S.・バーチ, H. 本明 寛（訳）（1972）. 人格はどのように形成されるか 別冊サイエンス 日本経済新聞社

7章

ブランケンブルク, W.（1971）. 木村 敏・岡本 進・島 弘嗣（訳）（1978）. 自明性の喪失——分裂病の現象学—— みすず書房

バス, A. H.（1986）. 大渕 憲一（監訳）（1991）. 対人行動とパーソナリティ 北大路書房

Calsyn, R. J., & Kenny, D. A.（1977）. Self-concept of ability and perceived evaluation of other. Cause or effect of academic achievement? *Journal of Educational Psychology, 69*, 136–145.

Carr, D.（1986）. *Time, narrative and history*. Indiana University Press.

Carr, D.（1991）. Discussion. Ricoeur on narrative. In D. Wood（Ed.）, *On Paul Ricoeur : Narrative and interpretation*（Warwick studies in philosophy and literature）（pp.160–174）. Routledge.

榎本 博明（1982）. 青年期における自己開示性（1） 日本心理学会第 46 回大会発表論文集, 299.

榎本 博明（1993）. 自己概念の場面依存性に関する研究 日本社会心理学会第 34 回大会発表論文集, 230–231.

榎本 博明（1997）. 自己開示の心理学的研究 北大路書房

榎本 博明（1998）. 「自己」の心理学——自分探しへの誘い—— サイエンス社

榎本 博明（1999）. パーソナリティの物語論的把握 榎本 博明・安藤 寿康・堀毛 一也 パーソナリティ心理学——人間科学, 自然科学, 社会科学のクロスロード——（pp.59-84） 有斐閣

榎本 博明（2001）. 語りにあらわれる自己物語の文脈（3）——青年の面接調査より①——日本性格心理学会第 10 回大会発表論文集, 104–105.

榎本 博明（2001）. 自分の未来への態度 日本発達心理学会第 12 回大会発表論文集, 159.

榎本 博明（2002a）.〈ほんとうの自分〉のつくり方——自己物語の心理学—— 講談社（講談社現代新書）

榎本 博明（2002b）. 物語ることで生成する自己物語——自己物語法の実践より—— 発達, *91*, 58–65.

榎本 博明（2008）. 自己物語から自己の発達をとらえる 榎本 博明（編）自己心理学 2 生涯発達心理学へのアプローチ（pp.62-81） 金子書房

榎本 博明（2018）. 「対人不安」って何だろう？——友だちづきあいに疲れる心理—— ち

くまプリマー新書

榎本 博明・林 洋一・横井 優子 (2001). 自己概念と対人不安 (2) 日本社会心理学会第 42 回大会発表論文集, 310-311.

榎本 博明・横井 優子 (2001). 語りにあらわれる自己物語の文脈 (1) ――老人の面接調査より①―― 日本心理学会第 65 回大会発表論文集, 947.

Hanninen, V. (2004). A model of narrative circulation. *Narrative Inquiry, 14*, 69-85.

Helmke, A. (1992). *Selbstvertrauen und schulische Leistungen.* [*Self-confidence and scholastic achievement.*] Hogrefe. (Helmke, A., & van Aken, M. A. G. (1995). より)

Helmke, A., & van Aken, M. A. G. (1995). The causal ordering of academic achievement and self-concept of ability during elementary school : A longitudinal study. *Journal of Educational Psychology, 87*, 624-637.

ジェームズ, W. 今田 寛 (訳) (1992-1993). 心理学 (上) (下) 岩波書店 (岩波文庫)

Kihlstrom, J. F., & Cantor, N. (1984). Mental representations of the self. *Advances in Experimental Social Psychology, 17*, 1-47.

木村 敏 (1978). 自覚の精神病理――自分ということ―― 紀伊國屋書店

レイン, R. D. (1961). 志貴 春彦・笠原 嘉 (訳) (1975). 自己と他者 みすず書房

Marsh, H. W. (1987). The big-fish-little-pond effect on academic self-concept. *Journal of Educational Psychology, 82*, 623-636.

Marsh, H. W. (1990). The structure of academic self-concept : The Marsh/Shavelson model. *Journal of Educational Psychology, 82*, 623-636.

武蔵 由佳・箭本 佳己・品田 笑子・河村 茂雄 (2012). 大学生における学校生活満足感と精神的健康との関連の検討 カウンセリング研究, *46*, 1349-1364.

Pals, J. L. (2006). Constructing the "Springboard Effect" : Causal connections, self-making, and growth within the life story. In D. P. McAdams, R. Josselson, & A. Lieblich (Eds.), *Identity and story : Creating self in narrative* (pp.175-199). American Psychological Association.

Rogers, C. M. (1978). Social comparison in the classroom : The relationship between academic achievement and self-concept. *Journal of Educational Psychology, 70*, 50-57.

Schlenker, B. R., & Leary, M. R. (1982). Social anxiety and self-presentation : A conceptualization and model. *Psychological Bulletin, 92*, 641-669.

Shavelson, R. J., Hubner, J. J., & Stanton, G. C. (1976). Self-concept : Validation of construct interpretations. *Review of Educational Research, 46*, 407-441.

Tibi-Elhanany, Y., & Shamay-Tsoory, S. G. (2011). Social cognition in social anxiety : First evidence for increased empathic abilities. *The Israel Journal of Psychiatry and Related Sciences, 48*, 98-106.

横井 優子・榎本 博明 (2000). 自分の過去への態度と自己評価, 時間的展望 日本発達心理学会第 12 回大会発表論文集, 158.

横井 優子・榎本 博明 (2001). 語りにあらわれる自己物語の文脈 (2) ――老人の面接調査より②―― 日本心理学会第 65 回大会発表論文集, 948.

横井 優子・榎本 博明（2002）．過去への態度と対人不安意識　日本性格心理学会大会発表論文集, *11*, 50-51.

横井 優子・榎本 博明・稲本 和子（2001）．語りにあらわれる自己物語の文脈（5）――老人の面接調査より③――　日本性格心理学会第10回大会発表論文集, 108-109.

8章

Bell, R. Q.（1968）. A reinterpretation of the direction of effect in studies of socialization. *Psychological Review, 75*, 81-95.

Carter, E. A., & McGoldrick, M.（Eds.）（1980）. *The family life cycle.* Gardner.

榎本 博明（1987）．家庭内暴力　林 洋一・榎本 博明（編著）子どもの問題行動事典（pp.32-37）　北樹出版

榎本 博明（1992）．夫婦間暴力研究の展望　家族心理学年報, *10*（「家族の離別と再生」）, 115-141.

榎本 博明（1999）．夫婦間暴力の家族心理　岡堂 哲雄（編）家族心理学入門　補訂版　培風館

Geyford, J.（1975）. Wife battering：A preliminary survey of 100 cases. *British Medical Journal, 1*, 195-197.

グリック, I. D.・ケスラー, D. R.（1980）．鈴木 浩二（訳）（1983）．夫婦家族療法　誠信書房

Goldstein, D., & Rosenbaum, A.（1985）. An evaluation of self-esteem of maritally violent men. *Family Relations, 34*, 425-428.

平木 典子（1999）．家族の心理構造　岡堂 哲雄（編）家族心理学入門　補訂版　培風館

Hornung, C. A., McCullough, B. C., & Sugimoto, T.（1981）. Status relationships in marriage：Risk factors in spouse abuse. *Journal of Marriage and the Family, 43*, 675-692.

Kantor, G. K., & Strans, M. A.（1987）. The "drunken bum" theory of wife beating. *Social Problems, 34*, 213-230.

Kantor, G. K., & Strans, M. A.（1989）. Substance abuse as a precipitant of wife abuse victimizations. *American Journal of Drug Alcohol Abuse, 15*, 173-189.

柏木 惠子（2003）．家族心理学――社会変動・発達・ジェンダーの視点――　東京大学出版会

柏木 惠子・数井 みゆき・大野 祥子（1996）．結婚・家族観に関する研究（1）-（3）　日本発達心理学会第7回大会発表論文集, 240-242.

警察白書　平成30年版

Koss, M. P.（1990）. The women's mental health agenda：Violence against women. *American Psychologist, 45*, 374-380.

熊谷 文枝（1981）．家庭と暴力　現代のエスプリ, 166.　至文堂

Margolin, G., & Wampold, B. E.（1981）. Sequential analysis of conflict and accord in distressed and nondistressed marital partners. *Journal of Consulting and Clinical Psychology, 49*, 554-567.

Markman, H. J.（1979）. Application of a behavioral model of marriage in predicting relationship satisfaction of couples planning marriage. *Journal of Consulting and Clinical Psychology, 47*, 743–749.

Markman, H. J.（1981）. Prediction of marital distress：A 5-year follow up. *Journal of Consulting and Clinical Psychology, 49*, 760–762.

内閣府男女共同参画局ホームページ　配偶者からの暴力に課するデータ　配偶者暴力支援センターの相談件数　令和元年度（令和 3 年 1 月 12 日更新）

岡堂 哲雄（1999）. 家族のライフ・コースと発達段階　岡堂 哲雄（編）　家族心理学入門　補訂版　培風館

Rosenbaum, A., & O'Leary, K. D.（1981）. Marital violence：Characteristics of abusive couples. *Journal of Consulting and Clinical Psychology, 49*, 63–71.

司法統計年報　家事　令和元年度　婚姻関係事件数

Smith, D. A., Vivian, D., & O'Leary, K. D.（1990）. Longitudinal prediction of marital discord from premarital expressions of affect. *Journal of Consulting and Clinical Psychology, 58*, 790 –798.

9章

安立 多惠子・平林 伸一・汐田 まどか・鈴木 周平・若宮 英司・北山 真次・河野 政樹・前岡 幸憲・小枝 達也（2006）. 比喩・皮肉文テスト（MSST）を用いた注意欠陥 / 多動性障害（AD/HD），Asperger 障害，高機能自閉症の状況認知に関する研究　脳と発達, *38*, 177–181.

オールポート, G. W.（1961）. 今田 恵（監訳）（1968）. 人格心理学（上）（下）　誠信書房

American Psychiatric Association（1994）. *Diagnostic and statistical manual for mental disorders.* 4th ed. *DSM–IV.*
　（American Psychiatric Association　高橋 三郎・大野 裕・染矢 俊幸（訳）（1995）. DSM–IV　精神疾患の診断・統計マニュアル　医学書院）

アメリカ精神医学会（2013）. 高橋 三郎・大野 裕（監訳）（2014）. DSM–5　精神疾患の分類と診断の手引　医学書院

Baron-Cohen, S., Leslie, A. M., & Frith, U.（1985）. Does the autistic child have a "theory of mind"? *Cognition, 21*, 37–46.

Bender, D. S., Farber, B. A., & Geller, J. D.（2001）. Cluster B personality traits and attachment. *Journal of the American Academy of Psychoanalysis and Dynamic Psychiatry, 29*, 551–563.

Brennan, K. A., & Shaver, P. R.（1998）. Attachment styles and personality disorders：Their connections to each other and to parental divorce, parental death, and perceptions of parental caregiving. *Journal of Personality, 66*, 835–878.

榎本 博明（1992）. パーソナリティの理解と適応の問題　伊藤 康児・榎本 博明・藤森 進（編著）教育に生かす心理学　北大路書房

榎本 博明 (1996). 自殺――生きる力を高めるために―― サイエンス社

榎本 博明 (1998). 子どもに生きる力を――お母さんへのアドバイス―― 創元社

フランクル, V. E. (1951). 真行寺 功 (訳) (1972). 苦悩の存在論――ニヒリズムの根本問題―― 新泉社

フランクル, V. E. (1969). 大沢 博 (訳) (1979). 意味への意志――ロゴセラピイの基礎と適用―― ブレーン出版

ホブソン, R. P. (1993). 木下 孝司 (監訳) (2000). 自閉症と心の発達――「心の理論」を越えて―― 学苑社

小泉 英二 (1973). 登校拒否――その心理と治療―― 学事出版

小泉 令三・若杉 大輔 (2006). 多動傾向のある児童の社会的スキル教育――個別指導と学級集団指導の組み合わせを用いて―― 教育心理学研究, *54*, 546-557.

Linum, L., Wilberg, T., & Karterud, S. (2008). Self-esteem in patients with borderline and avoidant personality disorders. *Scandinavian Journal of Psychology, 49*, 469-477.

MacKay, G., & Shaw, A. (2004). A comparative study of figurative language in children with autistic spectrum disorders. *Child Language Teaching and Therapy, 20*, 13-32.

Martin, I., & McDonald, S. (2004). An exploration of causes of non-literal language problems in individuals with asperger syndrome. *Journal of Autism and Developmental Disorders, 34*, 311-328.

マズロー, A. H. (1954). 小口 忠彦 (監訳) (1971). 人間性の心理学 産業能率短期大学出版部

McIntosh, D. N., Reichmann-Decker, A., Winkielman, P., & Wilbarger, J. L. (2006). When the social mirror breaks：Deficits in automatic, but not voluntary, mimicry of emotional facial expressions in autism. *Developmental Science, 9*, 295-302.

Mikulincer, M., & Shaver, P. R. (2012). An attachment perspective on psychopathology. *World Psychiatry, 11*, 11-15.

文部科学省 (2012). 通常の学級に在籍する可能性のある特別な教育的支援を必要とする児童生徒に関する調査結果について 文部科学省ホームページ

マアレー, H. A. (1938). 人格の変数 マアレー, H. A. (編) 外林 大作 (訳編) (1961-1962). パーソナリティ I・II 誠信書房

内閣府 (2016). 若者の生活に関する調査 (平成 28 年度) 報告書

大野 裕 (1998). 人格障害 詫摩 武俊他 (監修) 性格心理学ハンドブック (pp.189-199) 福村出版

ロージァズ, C. R. (1957). 伊東 博 (編訳) (1966). パースナリティの変化の必要にして十分な条件 ロージァズ全集第 4 巻 サイコセラピィの過程 岩崎学術出版社

ロージァズ, C. R. (1963). 村山 正治 (編訳) (1967). 動機および意識との関連からみた実現傾向 ロージァズ全集第 12 巻 人間論 (pp.397-427) 岩崎学術出版社

Watson, D. C. (1998). The relationship of self-esteem, locus of control, and dimensional models to personality disorders. *Journal of Social Behavior and Personality, 13*, 399-420.

10章

安藤 清志（1994）．見せる自分/見せない自分──自己呈示の社会心理学── サイエンス社

Asch, S. E.（1946）. Forming impressions of personality. *Journal of Abnormal and Social Psychology, 41*, 258-290.

Davis, M. H.（1983）. Measuring individual differences in empathy：Evidence for a multidimensional approach. *Journal of Personality and Social Psychology, 44*, 113-126.

Eisengerg, N., & Miller, P. A.（1987）. Empathy and prosocial behavior. *Psychological Bulletine, 101*, 100-131.

エクマン, P.・フリーセン, W. V.（1975）．工藤 力（訳編）（1987）．表情分析入門──表情に隠された意味をさぐる── 誠信書房

榎本 博明（1986）．鈴木 乙史ほか（編）パッケージ・性格の心理　第6巻　性格の理解と把握　ブレーン出版

榎本 博明（1997）．自己開示の心理学的研究　北大路書房

Festinger, L., Schachter, S., & Back, K. W.（1963）. *Social pressures in informal groups*. Stanford University Press.

榎本 博明（2017）．「やさしさ」過剰社会──人を傷つけてはいけないのか── PHP新書

深田 博己（1998）．インターパーソナル・コミュニケーション──対人コミュニケーションの心理学── 北大路書房

ホール, E. T.（1970）．日高 敏隆・佐藤 信行（訳）（1970）．かくれた次元　みすず書房

Hare, A., & Bales, R.（1963）. Seating position and small group interaction. *Sociometry, 26*, 480-486.

林 洋一・榎本 博明（編）（1986）．現代心理学　北大路書房

ハイダー, F.（1958）．大橋 正夫（訳）（1978）．対人関係の心理学　誠信書房

Kelley, H. H.（1950）. The warm-cold variable in first impressions of persons. *Journal of Personality, 18*, 431-439.

Levine, D. W., O'Neal, E. C., Garwood, S. G., & McDonald, P. J.（1980）. Classroom ecology：The effects of seating position on grades and participation. *Personality and Social Psychology Bulletin, 6*, 409-412.

村上 達也・西村 多久磨・櫻井 茂男（2014）．小中学生における共感性と向社会的行動および攻撃行動の関連──子ども用認知・感情共感性尺度の信頼性・妥当性の検討── 発達心理学研究, *25*, 399-411.

Newcomb, T. M.（1961）. *The acquaintance process*. Holt.

大平 健（1995）．やさしさの精神病理　岩波新書

Richardson, D. R., Hammock, G. S., Smith, S. M., Gardner, W., & Signo, M.（1994）. Empathy as a cognitive inhibitor of interpersonal aggression. *Aggressive Behavior, 20*, 275-289.

Sackeim, H. A., & Gur, R. C.（1978）. Lateral asymmetry in intensity of emotional expression. *Neuro-psychologia, 16*, 473-481.

坂井　玲奈（2005）．思いやりに関する研究の概観と展望――行動に表れない思いやりに注目する必要性の提唱――　東京大学大学院教育学研究科紀要，*45*, 143-148.

櫻井　茂男・葉山　大地・鈴木　高志・倉住　友恵・萩原　俊彦・鈴木　みゆき・大内　晶子・及川　千都子（2011）．他者のポジティブ感情への共感的感情反応と向社会的行動，攻撃行動との関係　心理学研究，*82*, 123-131.

Segal, M. W.（1974）. Alphabet and attraction：An unobtrusive measure of the effect of propinquity in a field setting. *Journal of Personality and Social Psychology, 30*, 654-657.

ソマー, R.　（1969）．穐山　貞登（訳）（1972）．人間の空間――デザインの行動的研究――　鹿島出版会

人 名 索 引

事 項 索 引

著者略歴

えのもと　ひろあき
榎本　博明

1979 年　東京大学教育学部教育心理学科卒業

1983 年　東京都立大学大学院心理学専攻博士課程中退

1992 年〜93 年　カリフォルニア大学客員研究員

　　　　大阪大学大学院助教授，名城大学大学院教授等を経て

現　在　MP 人間科学研究所代表

　　　　産業能率大学兼任講師　博士（心理学）

主要著書

『「自己」の心理学——自分探しへの誘い』サイエンス社，1998

『〈私〉の心理学的探究——物語としての自己の視点から』有斐閣，1999

『〈ほんとうの自分〉のつくり方——自己物語の心理学』講談社現代新書，2002

『自己心理学 1 〜 6』（シリーズ共監修）金子書房，2008-09

『「上から目線」の構造』日本経済新聞出版社，2011

『「すみません」の国』日本経済新聞出版社，2012

『「やりたい仕事」病』日本経済新聞出版社，2012

『「やさしさ」過剰社会』PHP 新書，2016

『自己実現という罠』平凡社新書，2018

『はじめてふれる人間関係の心理学』サイエンス社，2018

『はじめてふれる産業・組織心理学』サイエンス社，2019

『わかりやすいパーソナリティ心理学』サイエンス社，2020

『教育現場は困ってる』平凡社新書，2020

『「さみしさ」の力』ちくまプリマー新書，2020

『わかりやすい教育心理学』サイエンス社，2021

ライブラリ　心の世界を学ぶ—1

はじめてふれる心理学 ［第3版］

2003 年 12 月 10 日 　Ⓒ		初　版　発　行
2013 年 4 月 10 日 　Ⓒ		第 2 版第 1 刷発行
2021 年 4 月 10 日		第 2 版第 10 刷発行
2021 年 11 月 25 日 　Ⓒ		第 3 版第 1 刷発行

著　者　榎 本 博 明　　　　　発行者　森 平 敏 孝
　　　　　　　　　　　　　　印刷者　山 岡 影 光
　　　　　　　　　　　　　　製本者　松 島 克 幸

発行所　　**株式会社　サイエンス社**

〒151-0051　東京都渋谷区千駄ヶ谷 1 丁目 3 番 25 号
営業 ☎ (03) 5474-8500 (代)　　振替 00170-7-2387
編集 ☎ (03) 5474-8700 (代)
FAX ☎ (03) 5474-8900

印刷　三美印刷　　　　　製本　松島製本

≪検印省略≫

本書の内容を無断で複写複製することは，著作者および
出版者の権利を侵害することがありますので，その場合
にはあらかじめ小社あて許諾をお求めください。

サイエンス社のホームページのご案内
https://www.saiensu.co.jp
ご意見・ご要望は
jinbun@saiensu.co.jp まで.

ISBN978-4-7819-1518-0

PRINTED IN JAPAN

わかりやすい
パーソナリティ心理学

榎本博明 著

A5判・256頁・本体 2,300 円（税抜き）

私たちは人とのかかわりの世界を生きています．周囲の人とどうしたらうまくつきあっていけるかは，誰にとっても重大な関心事と言えます．そこで気になるのが人の思考や行動のパターンですが，それには個人内の法則性 ― パーソナリティがあります．本書は，そのようなパーソナリティに関する心理学について，わかりやすさに定評のある著者が，丁寧に解き明かします．

サイエンス社